O CORPO COMO UM SUJEITO DA PSICANÁLISE

SEBASTIÃO ABRÃO SALIM

O CORPO COMO UM SUJEITO DA PSICANÁLISE

Artesã

O corpo como um sujeito da psicanálise

COORDENAÇÃO EDITORIAL
Karol Oliveira

REVISÃO
Daniel Henrique Carvalho Salim

CAPA
Luciano JB Alvim

DIAGRAMAÇÃO
Marcos Digues

IMAGEM DE CAPA
br.freepik.com/foto-vetores/fundo/criado
Freud britannica.com/biography/Sigmund-Freud

S165
Salim, Sebastião Abrão
O corpo como um sujeito da psicanálise / Sebastião Abrão. – Belo Horizonte : Ed. Artesã, 2019.
168 p. ; 14x21 cm.
ISBN: 978-85-7074-017-5

1. Psicanálise. 2. Psiquiatria. 3. Psicologia. I. Título.

CDU 159.964

Catalogação: Aline M. Sima CRB-6/2645

IMPRESSO NO BRASIL
Printed in Brazil

ARTESÃ EDITORA LTDA.
Site: www.artesaeditora.com.br
E-mail: contato@artesaeditora.com.br
Belo Horizonte/MG

AGRADECIMENTOS

Agradeço aos colaboradores deste livro pelas contribuições para meu conhecimento do corpo como um sujeito da psicanálise. Foram muitos, cada um ao seu jeito: meus psicanalistas, professores, autores, colegas, alunos e pacientes.

Agradeço, em especial, aos meus familiares pela concordância com meu distanciamento, embora eu desejasse estar com eles todo o tempo.

DEDICATÓRIA ESPECIAL

Dedico este livro ao Dr. José Pedro Salomão, tio Zé, eterno.

SUMÁRIO

APRESENTAÇÃO

Há duas décadas venho escrevendo este livro. Foi preciso esforço pessoal para me livrar da ortodoxia dos preceitos psicanalíticos adquiridos durante minha formação psicanalítica, minhas analises pessoais e minha prática clínica por anos após minha titulação como psicanalista em 1991. Engessavam-me e somavam-se às minhas barreiras autistas para o novo. Sentia-me formatado. Ao me desvencilhar da ortodoxia, comecei, há mais de duas décadas, a somar conhecimentos de outras ciências próximas a psicanálise e adentrar meus estudos de olhos abertos.

Já em 1995, apresentei no Congresso Brasileiro de Recife o trabalho *O silêncio do analista*, no qual enfocava a necessidade de haver um espaço na mente do psicanalista isento de suas referências teóricas para receber as identificações projetivas do analisando a fim de encontrar a si mesmo e a subjetividade do analisando. Pouco depois certifiquei-me do acerto dessa conduta ao ler o trabalho de Ogden (1989b) *O terceiro sujeito analítico,* importante desenvolvimento para a técnica psicanalítica. Levou-me a inclusão da minha subjetividade, do analisando e da intersubjetividade para ditar os passos da dupla.

Comecei a centrar meus estudos na obra desse autor, de Winnicott, de Tustin e em Kandel (psicanalista e neurocientista).

Foi um aprendizado crescente que originou publicação de alguns artigos meus em revistas psicanalíticas, edição de livros e apresentações em congressos, citados na bibliografia deste livro.

Enriqueceram-me, também, nesta época, estudos de outras áreas a fim, como da psiquiatria, da psicologia experimental, da neonatologia, da genética, da ontologia e outras.

Sentia-me tecendo uma colcha de retalhos, até que consegui associa-los e introjeta-los, como se faz quando armamos as peças espalhadas de um quebra-cabeça. Convenci-me da existência de um grupo de entidades clínicas, que denominei de patologia autista, tendo como etiologia traumas vivenciados com sentimento de morte no período fetal ou do nascimento, como será explicitada e ilustrada no corpo do livro por meio de casos clínicos.

É diferenciada da psicopatologia oriunda do período mais tardio do desenvolvimento do recém-nascido, quando se pode falar da existência do ego para racionalizar os conflitos psíquicos atribuídos a repressão dos impulsos sexuais tais como a histeria, fobias e obsessões.

Têm sintomas específicos decorrentes das respostas filogenéticas do corpo, com sede nas amídalas cerebrais. Uma primeira é a regressão somática semelhante ao que sucede com animais e plantas em condições adversas de sobrevivência (Blackstone et. al, 2005) e a segunda é a auto geração de experiências sensoriais, segundo estudos de Tustin (1990).

De cinco anos para cá, venho submetendo artigos sobre essa patologia para publicação em revistas psicanalíticas. Os mesmos são rejeitados mediante avaliações vazias dos pareceristas, próprias de quem se posta sem abertura para o novo.

Ao lado desse fato, fui constando o crescente afastamento da psicanálise da biologia pelas publicações nas revistas psicanalíticas, um movimento contrário ao proposto por Freud (1920) e Andrade (2005). Diante desses fatos, resolvi registrar meu aprendizado neste livro, no qual defendo a necessidade da revitalização da psicanálise por meio da articulação com os progressos das ciências a fim.

A patologia autista é frequente nos tempos atuais, caracterizados por vínculos afetivos fluidos, expondo o homem desde a idade fetal até a senil, ao trauma e ao desamparo.

De fato, esses pacientes vivem em estado de exaustão e fadiga física e psíquica, alguns portadores de estresse grave (DSM-IV, 1994), comumente diagnosticados e tratados como estados de depressão.

Não considero meus estudos acabados. É um campo amplo sobre o qual ainda tenho perguntas sem respostas.

Fecho com Freud: "Ao que não podemos chegar voando, temos que chegar mancando".

Sebastião Abrão Salim
Vila Velha, 15 de maio de 2019.

INTRODUÇÃO

Neste livro vou mostrar que o corpo constitui mais um sujeito da psicanálise, um sujeito-corpo, responsável por uma sintomatologia especifica composta por sintomas físico e psíquicos encontrados em um grupo seletivo de enfermidades clínicas, como, por exemplo, o autismo psicogênico, a anorexia nervosa e outras citadas e ilustradas com casos clínicos neste livro.

Denomino-as de patologia autista por ser resultado de traumas precoces durante a vida fetal ou do parto, seguidos de vivencia de morte. Os mesmos disparam duas respostas filogenéticas armazenadas nas amigdalas cerebrais, sede da memória implícita, de longo prazo ou de comportamento (Kandel, 2000).

Uma voltada para manter a vida, que consiste na regressão autista ou somática do funcionamento do organismo próximo do estado de homeostase do ser vivo no seu início de vida, como ocorre na hibernação de animais e plantas e nele permanece até que o meio ambiente, se torne favorável para a retomada do desenvolvimento biológico. Uma segunda voltada para o apaziguamento, que consiste na geração de experiências sensoriais com elementos do próprio corpo em contato com suas superfícies sensoriais conforme descrita por Tustin (1990).

A saúde física ou psíquica vai depender do meio ambiente para retomada do desenvolvimento biológico inicial, base para o desenvolvimento psíquico e emocional saudável do recém-nascido. Se esse não vem em seu auxílio, fica fixado nessas respostas, gerando a predisposição para o desenvolvimento dessa patologia em caso de reincidência traumática em qualquer época posterior da vida. Isso é, retoma a defesa da regressão somática.

Todo esse processo é comandado pelo sujeito-corpo, quando ainda não existe 'uma cabeça para pensar' ou seja um ego. Dai eu afirmar a existência do corpo como mais um elemento da psicanálise com característica própria e individualizada.

Tem semelhança com a metáfora de Freud (1916) dos exércitos deixando atrás de si pontos de apoio em caso de necessidade de retornarem da frente de batalha, usada por ele para explicar o fenômeno da regressão psíquica nas neuroses.

Em toda idade cronológica, diante de novo acontecimento com vivência de morte, a vítima desse repete o recurso da regressão somática e da geração de experiências sensoriais usando elementos do próprio corpo de natureza macia e de natureza dura, tais como saliva, fezes, urina, dedos e língua em contato com suas superfícies. As mesmas dão-lhe a noção de estar vivo desfazendo a angústia de morte presente.

Como dito, o feto ou o recém-nascido pode ficar fixado a esses recursos e desenvolver mantendo-os ao longo da vida, como roer unhas, alisar os cabelos, atritar os dentes, se coçar e várias outras experiências sensoriais (Tustin, 1990) como mostradas no livro, além de uma insuficiência física e psíquica para realização de suas tarefas nas relações familiares, sociais e profissionais. Desde cedo, tornam-se vítimas de *bullyings* e críticas de terceiros, acentuando o peso biológico do trauma. Costumam ser tratados por terceiros como inúteis e indesejáveis, qualificações com as quais passa a se identificar. Tornam-se mais amedrontados e portadores de um superego exigente e corretivo. Vivem na borda da vida, de forma precária e sofrida. Apresentam quadro clínico muito semelhante com a depressão neurótica decorrente de perdas, acompanhado de um concomitante de ansiedade bem manifesto.

Considero a fixação da vítima nesses recursos, causadora da predisposição para o desenvolvimento da patologia autista. Essa predisposição explica como diante de um mesmo evento, certas pessoas desenvolvem entidades clínicas autistas e outras não.

Essa proposição de um sujeito-corpo é resultado de estudos interdisciplinares entre a psicanálise, a psiquiatria, a neurobiologia, a psicologia experimental, a etologia, a ontogênese, a genética e outros, associados às evidências em minha prática clínica.

É original pois o corpo tem sido considerado pelos psicanalistas como auxiliar do ego, quando esse se mostra limitado na sua capacidade de representar e elaborar conflitos emocionais e pulsões reprimidas.

Foi importante para mim abstrair de parte da teoria psicanalítica clássica para dar lugar a esses conhecimentos.

Após um período longo de perguntas sem respostas envolvendo trabalhos e pesquisas em áreas pertinentes aos acontecimentos traumáticos, cheguei as hipóteses citadas sobre esse grupo de entidades autistas com características etiológicas e sintomáticas idiossincráticas.

Parti do conceito de Ogden (1989b) sobre uma posição autista-contígua no desenvolvimento psíquico inicial, anterior à posição esquizoparanoide de Klein (1963) e ao falso *self* descrito por Winnicott (1960).

Escreveu Ogden (1989b) no artigo sobre a posição autista-contígua: "O isolamento de tipo autista-contíguo implica, em algum grau, o ato da substituição da mãe como ambiente por um ambiente sensorial autogerado". Continua: "Estou propondo que, desde os primórdios da vida psicológica (e ao longo de toda a vida), existe uma forma de experiência na qual a mãe, na condição de matriz psicológica, é substituída por uma matriz de sensação autônoma. Ao substituir a mãe ambiental por esta matriz, o bebê cria uma pausa essencial na atenção (e no terror intermitente) inerente ao processo do vir à luz no âmbito dos seres vivos". Prossegue: "A suspensão das incertezas e da imprevisibilidade da existência no âmbito do humano é alcançada por meio de uma mudança no equilíbrio das formas de Ser coexistente. O ambiente humano vivo é substituído por relações com experiências sensoriais totalmente confiáveis de tipo autista-contíguo. Tais 'relações' autistas-contíguas são maquinais na sua precisão e podem ser pensadas como uma substituição do mundo humano por um não humano (ver Searles, 1960) ... Conservei a palavra autística para designar a mais primitiva organização psicológica... A palavra contígua é particularmente adequada, favorecendo a nomeação dessa organização, uma vez que a experiência de haver superfícies que se tocam... provê a antítese necessária à conotação de isolamento e desconexão contida na palavra autista".

Eu considero a passagem da posição autista-contígua para a posição esquizoparanoide e depressiva o elemento mais marcante no desenvolvimento da evolução biológica e psíquica do homem, ocorrida há milhares de anos atrás ao desenvolver o córtex cerebral.

Retomo a advertência de Freud sobre a importância da relação da psicanálise com a biologia, da qual ele mesmo e seus seguidores se afastaram, com poucas exceções, como Ferenczi (1926). Nessa mesma linha Andrade (2003) escreveu: "Após a morte de Freud, os conhecimentos psicológicos considerados por ele como provisórios foram assumidos como definitivos pela maioria de seus seguidores, de forma a apartá-los completamente das raízes biológicas".

Freud (1938) enfatizou a importância do trauma na fase inicial do desenvolvimento. Diz ele: "O dano causado ao ego pelas suas primeiras experiências nos parece desproporcionadamente grande; porém basta tomar como analogia a diferença existente nos resultados produzidos pela picada de uma agulha em uma massa de células durante o processo de divisão celular [...] e em um animal adulto plenamente desenvolvido a partir delas. Nenhum ser humano está isento de tais experiências traumáticas; nada escapa das manifestações que resultam delas".

Esses estudos aliados à minha pratica clínica psiquiátrica e psicanalítica convenceram-me da importância da adequação do referencial psicanalítico de teorias e da técnica psicanalítica clássicos para o tratamento desses pacientes, embora a etiologia das entidades clínicas seja biológica, como descreverei adiante. De passagem, destaco o fato de que só a psicanálise enfatiza a importância da regularidade do *setting* terapêutico para restabelecer o sentimento de segurança, através da consciência da existência dos fenômenos da empatia, da transferência, da contratransferência, da intersubjetividade e dos atuais conhecimentos da psicanálise afetiva (Engel, 2005). Andrade (2003) acrescenta: "... bem como das evidências neurobiológicas que a autorizam a assegurar seu método (da Psicanálise) como capaz de restaurar falhas básicas de desenvolvimento".

Observo, ainda, que os psiquiatras e os neurocientistas, radicalizam seus estudos em torno da genética, da bioquímica, da anatomia e da fisiologia do funcionamento do cérebro, em contínuo avanço com as descobertas atuais da tecnologia sobre a anatomia e o funcionamento do sistema nervoso como um todo, sem valorizar o elemento afetivo presente na relação terapeuta-paciente. Não há dúvida sobre a importância dessa evolução biológica, mas jamais será completa sem o enfoque emocional do paciente com sua história pessoal e constituição de um *setting* terapêutico afinado com as necessidades do paciente.

A nossa postura em relação a esses profissionais deve se manter em assimetria horizontal, isto é, que se soma e não em uma postura vertical, que modela a relação em uma queda de braço. Pode contribuir para uma revitalização da psicanálise, hoje objeto de críticas severas do mundo científico voltadas para os resultados clínicos com o referencial teórico e técnico clássico da psicanálise. Permite-nos desdobramentos clínicos importantes para o diagnóstico clínico mais refinado e adequação da técnica psicanalítica para esses pacientes, em geral de tratamento difícil e prognósticos reservados.

Partilho com Winnicott (1988) sua afirmação: "Parece-me adequado examinar a natureza humana através do estudo da criança. Mesmo quando o adulto saudável continue a crescer, desenvolver-se e mudar até o instante de sua morte, existe uma constante, já visível na criança, acompanhando-a até o fim da vida, assim como o rosto de uma pessoa permanece reconhecível ao longo de toda sua vida". De fato, mantemos o mesmo olhar, a mesma caligrafia, o mesmo gosto de música ou literatura, o modo de se vestir, o horário de dormir, enfim, nosso modo de ser. Acrescento, a jornada do recém-nascido até a morte é marcada pela necessidade de certificar-se do aprendido já em idade precoce possa ser usado em benefício próprio, uma das teses desse livro.

Publiquei trabalhos sobre algumas entidades clínicas autistas (Salim, 2002a, 2002b, 2002c, 2004a, 2004b, 2005a, 2005b, 2006) e o livro *Psicanálise, Trauma e Neurobiologia* (Salim, 2012).

Espero críticas e oposições devido à originalidade das minhas especulações e hipóteses. Apego-me a Gibran Khalil Gibran (1923), poeta e pintor. Intuiu essa diretriz humana contra o novo e escreveu como advertência: "... Pois ficar, apesar das horas queimando na noite, é cristalizar, congelar e ficar colado a um molde".

HISTÓRICO DA RELAÇÃO CORPO-MENTE

O empenho do homem para o entendimento da relação corpo-mente é milenar e continua tema complexo envolvendo a biologia, a psicanálise, a psiquiatria, a psicologia experimental, a neurociência, a filosofia, a religião e outras ciências afins. Infelizmente há pouco diálogo entre os especialistas dessas áreas.

Hipócrates (460 a. C. - 370 a. C.), considerado o pai da medicina ocidental, foi o primeiro a se dedicar de modo mais qualificado a esse estudo.

Segundo Bear et al. (2017, pág. 4), Hipócrates defendeu a teoria segundo a qual: "O homem deve saber que de nenhum outro lugar, mas apenas do encéfalo, vem a alegria, o prazer, o riso, a diversão, o pesar e o luto, o desalento e a lamentação. E por meio dele, de uma maneira especial, nós adquirimos sabedoria e conhecimento, enxergamos e ouvimos, sabemos o que é justo e injusto, bom e ruim, doce e insípido... E pelo mesmo órgão nos tornamos loucos e delirantes, e medos e terrores nos assombram... Todas essas coisas nós suportamos quando o encéfalo não está sadio.., Nesse sentido, o encéfalo exerce o maior poder no homem... está envolvido nas sensações e é a sede da inteligência".

Hipócrates acrescentou a essa importância do encéfalo, a teoria humoral ou a teoria dos quatro humores. Relacionou o perfil psicológico do homem com os humores do seu corpo. Segundo ele, a doença física e o temperamento eram decorrentes do desequilíbrio entre o sangue, a fleuma, a bílis amarela e a bílis negra. Por longo tempo, foi a explicação aceita para a etiologia da doença somática, isto é, do século IV a. C. ao século XVII d. C. Também conhecida por teoria hipocrática ou galênica, seguia a teoria dominante da escola de KOS, segundo a qual a vida seria mantida pelo equilíbrio entre esses quatro humores. Cada um com características diferentes: o sangue seria quente e úmido; a fleuma, fria e úmida; a bílis amarela, quente e seca; e a bílis negra, fria e seca. Segundo o predomínio natural de um desses humores na constituição do indivíduo, haveria um tipo diferente de personalidade: o sanguíneo, o sereno fleumático, o forte colérico e o melancólico. As doenças ocorreriam por desequilíbrio entre os humores e os alimentos assimilados pelo organismo, incluindo a água e o ar. A febre seria uma reação do corpo para coser os humores em excesso. O papel da terapêutica seria ajudar a *physis* a seguir os seus mecanismos normais, ajudando a expulsar o humor em excesso.

Seguindo ainda citação de Bear et al. (2017, pág. 5): "o filosofo grego Aristóteles (384 a. C. - 322 a. C.) o sucedeu e ateve-se firmemente à crença do coração como centro do intelecto. Qual função Aristóteles reservava para o encéfalo? Ele acreditava que o encéfalo era um radiador, cuja função seria resfriar o sangue aquecido com o coração fervilhando. O temperamento racional dos seres humanos era então explicado pela grande capacidade de resfriamento do encéfalo".

Prosseguem: "Aristóteles foi seguido de Galeno (130 d. C.-210 d. C.) já na era romana e de Andrea Vesalius (1514-

1564) na Renascença. Depois veio Descartes (1596-1650) propondo os mecanismos encefálicos como controladores apenas da parte do comportamento humano semelhante ao de outros animais. Capacidades mentais exclusivamente humanas existiriam fora do encéfalo, 'mente'. Para ele a mente seria uma entidade especial recebendo sensações e comandava os movimentos, comunicando-se a maquinaria do encéfalo pela glândula pineal".

Bear et al. (2017, pág. 5) complementam com o seguinte comentário: "hoje algumas pessoas acreditam existir 'problema mente-cérebro' e que de alguma maneira a mente humana é distinta do cérebro. Contudo, as modernas pesquisas em neurociências apoiam uma conclusão diferente... Uma herança infeliz de nossa antiga ignorância acerca do encéfalo é a distinção entre saúde 'física' e 'mental'. As raízes filosóficas dessa distinção podem ser traçadas até a proposição de Descartes de separação do corpo e da mente. Distúrbios do corpo (que para Descartes, incluíam o encéfalo) tinham uma base orgânica e deviam ser preocupação dos médicos. Transtornos da mente, por outro lado, eram espirituais ou morais, e deles ocupavam-se o clero e a religião. Essa dicotomia foi reforçada pelo fato de que a maioria dos transtornos do humor, do pensamento e do comportamento vinha, até muito recentemente, resistindo aos tratamentos de natureza biológica".

Em sequência, em datas mais recentes, os autores mencionados foram sucedidos por outros estudiosos da relação corpo-mente. O mais expressivo foi Freud (1896) ao propor a existência do inconsciente e formular uma teoria sobre sua formação e seu funcionamento. Sem focar de modo especifico na relação corpo-mente, ele diferenciou a existência de dois tipos de neuroses. Um tipo resultante da repressão de conflitos inconscientes decorrentes da repressão da libido, responsável pela histeria, fobia e obsessões, à qual deu o nome de neuroses de defesa. O segundo, a neurose traumática, oriunda de eventos decorrentes de agressões físicas, torturas, assaltos, guerra e outros. Deteve-se nos estudos das primeiras pelos estudos realizados com o método da hipnose, da associação livre de ideias, dos atos falhos e, de modo especial, dos sonhos. Já era uma empreitada desafiadora e enorme para um médico ou pesquisador estudá-las. Depois deixou de lado o estudo da neurose traumática, alegando não haver conhecimentos da fisiologia e da patogenia suficientes para entendê-la e tratá-la. Embora tenha feito essa distinção dos dois tipos de neurose, diferenciando a etiologia, a sintomatologia e o tratamento de ambas, continuou a entendê-las e a tratá-las até sua morte com o mesmo referencial teórico e técnico aplicado as neuroses de defesa, isto é, como resultado da repressão dos instintos sexuais.

Ao segui-lo, a psicanálise foi caindo no descrédito, embora o desenvolvimento das novas teorias de objeto tenha se constituído em relevante progresso por época da metade do século XX, mas não o suficiente para propiciar saltos terapêuticos satisfatórios, a não ser no capítulo da psicanálise de crianças. Grande parte da clínica psicanalítica é composta por pacientes portadores de neurose traumática, cujo tratamento tem de ser diferenciado das neuroses de defesa.

Fundamentando essa afirmação, Andrade (2017) escreveu: "há um consenso universal da psicanálise estar em crise. Entretanto, raramente as características dessa crise são expostas com clareza. A meu ver, sua raiz foi mostrada por Freud há sessenta anos: as limitações da psicanálise como método terapêutico. Quando o ensaio *Análise terminável e interminável* foi publicado, houve uma tendência a lhe subestimar a importância, tendo sido mais confortável considerar aquelas ideias frutos do pessimismo de um homem idoso, gravemente enfermo. No entanto, foi certamente a descrição mais realista jamais feita da psicanálise como método terapêutico. Freud já dera mostras de seu desencanto com a terapia, ao dedicar seus últimos anos a aplicação da psicanálise a outros ramos do conhecimento. Disse então, nunca ter tido grande entusiasmo com a terapia. Tenho a impressão de que esse desencanto surgiu muito antes de ser confessado publicamente. Ocorreu depois de um longo período de entusiasmo ardente, quando encontrou as raízes instintuais dos sintomas, através das quais pretendeu enxergar a natureza do fenômeno psíquico, sentindo-se autorizado, a partir daí, a conceber um aparelho psíquico capaz de tudo explicar. Suponho que estivesse nesse entusiasmado estado quando planejou escrever uma serie de doze artigos metapsicológicas, nos quais pretendia retratar todo o mundo psíquico. Surpreendentemente, desses doze artigos, só publicou cinco, nenhum dos quais tratando especificamente da formação de sintomas e de sua resolução - sua metapsicologia não pode abranger nem a prática, nem a teoria da técnica. A supressão de sete dos doze artigos e um enigma cujo desvendamento talvez de margem para entender toda a extensão da mensagem contida em Análise terminável interminável".

Tal fato continua ocorrendo nos dias de hoje por parte dos psicanalistas. Indica a necessidade de adequar os currículos dos institutos de ensino da psicanálise a essa realidade. Em muitos aspectos os psicanalistas são conservadores.

A importância do estudo do trauma vem para um plano digno de ser esmiuçado durante a formação psicanalítica e mesmo depois de concluída, como sucedeu comigo. Implica na distinção entre as neuroses de defesa e a traumática, depois de longos anos após advertências de Freud (1919).

Ferenczi seguiu-o de perto nesta distinção. Em carta de 02 de fevereiro de 1915 para Freud escreveu: "... extraviei-me nos problemas biológicos e não encontro mais o caminho de volta para a psicologia! Felizmente, me perdi e espero - renunciando a fazer seguir a maior parte da intendência biológica - chegar finalmente, apesar de tudo, são e salvo na psicanálise". Ainda na carta: "Tudo se passa como se, por trás da fachada de fácil acesso às descrições, sobrevivessem nos seres vivos uma espécie de inconsciente biológico, modos de funcionamento e uma organização pertencente às fases muito ultrapassadas da ontogênese e da filogênese".

A relação entre os dois vai acontecer de forma amistosa ao longo de suas existências. Em resposta a esta carta, Freud (1915) escreveu, à época quando escrevia seus artigos sobre a metapsicologia: "As comunicações a partir de suas especulações biológicas são, como sempre, muito atraentes. Persisto em dizer ser este seu verdadeiro campo de trabalho, no qual você não terá concorrência. Considero com vivo interesse seus projetos de tratamento...".

Ferenczi ficou conhecido como analista de casos difíceis, mas ainda estava longe dos conceitos biológicos mais específicos para explicar a patogênese dos sintomas psicossomáticos e para apontar adaptações da técnica psicanalítica aos mesmos. Suas contribuições foram retomadas por Balint (1968), Winnicott (1963a) e alguns outros psicanalistas voltados para suas contribuições. Este livro tem muito a ver com suas ideias.

Cannon veio em seguida. É considerado o pai dos estudos sobre a homeostase e vinculou os estados emocionais a sentimentos reprimidos, como ódio, culpa, reprovação, dependência, inveja e outros. Os sintomas somáticos seriam concomitantes fisiológicos específicos, dependendo de cada um desses sentimentos. Segundo Cannon (1939), nascemos com uma tendência do organismo de regular suas condições internas para estabilizar a saúde e o funcionamento corporal (homeostase). Consiste em coordenar suas partes para respostas à situação ou estímulo com tendência a modificar sua condição normal ou funcionamento em condições adversas de sobrevivência. Nessas condições são ativados processos fisiológicos específicos para manter o continuar existindo. Entre esses, se encontram os controles da temperatura, do pH, da pressão arterial, da frequência cardíaca e a diminuição do consumo de oxigênio pelas células para exercerem suas funções vitais, sob o comando inato e reflexo do SNA. Em toda idade cronológica do ser humano, da fetal à senil, uma ocorrência traumática com sensação de descontinuidade do ser dispara a autorregulação. A homeostase deixa-o em condições de suspensão animada de vida. Nele, o ser humano fica aguardando um meio ambiente favorável para retomar seu desenvolvimento e voltar à vida habitual.

Meu estudo da homeostase, a partir de Cannon, começou a lançar as bases concretas para eu valorizar o corpo como sujeito diferenciado da mente, isto é, de respostas inatas, embora depois do nascimento do bebê, corpo e mente constituam partes de um todo.

Na sequência, Dunbar (1947) sustentou a hipótese: "cada doença teria um perfil psicológico próprio determinado por experiências infantis traumáticas". Descreveu a personalidade traumatofílica, isto é, "seu portador repete em suas vidas situações traumáticas acontecidas sem consciência desse fato - o trauma".

Alexander (1962) tornou-se marco nessa evolução. Para ele, a doença psicossomática "seria uma resposta fisiológica ao estado de tensão emocional crônica, mantida por processos inconscientes presididas pelo sistema nervoso autônomo; não eram representantes simbólicos de conteúdo inconsciente sexual reprimido". Como ilustração, a úlcera duodenal seria resultante da antítese entre as tendências para a regressão e a necessidade de superá-la. Decorria da hiperatividade fisiológica autonômica. As vias parassimpáticas eram relacionadas com a dependência e as vias simpáticas com as tendências de luta e competição. Seus estudos levaram-no a concluir ser os transtornos psicossomáticos respostas padrão à determinadas situações de conflito dentro do sujeito. Daí desenvolveu a "teoria da especificidade dos conflitos".

Esses três últimos autores remeteram a etiologia do sintoma psicossomático ao SNA, parte do fundamento das hipóteses sugeridas neste livro.

MacDougall (1989), referiu-se aos sintomas psicossomáticos, assim: "Os fenômenos psicossomáticos escondem, paradoxalmente, uma luta pela vida e especialmente pela sobrevivência psíquica do paciente". Desenvolveu essa afirmação e retomou seus estudos mais de acordo a teoria freudiana.

A Escola Francesa de Paris criada por Marty e M' Uzan (1963) tem sido a mais aceita pela comunidade psicanalítica atual. Horn (2016) sintetizou suas contribuições: "A psicanálise atual encontra ancoragem atual na Escola Psicanalítica de Paris, criada por Pierre Marty e Michel de M' Uzan (1963). Esses autores defendem a hipótese do aparelho sensório-motor poder se tornar uma via privilegiada de exteriorização de demandas pulsionais ou descarga de pulsões, ou seja, suas verbalizações não são investidas e tão pouco determinadas. Os pacientes psicossomáticos se mostram limitados na sua capacidade de pensar/representar e a alternativa é recorrer à ação para enfrentar as passagens traumáticas presentes. Cunharam o termo pensamento operatório, sendo atualmente substituído por funcionamento operatório e vida operatória. Suas teorias e seguidores atuais são consoantes ao modelo freudiano pós 1920 e ao jogo de forças entre as pulsões de vida e a destrutividade. Há falhas nos processos de elaboração psíquica situadas nas falhas de ligação do afeto à representação. Descreve, deste modo, o sintoma psicossomático como produto das pulsões, incapaz de ser posto em palavras pelo ego e é operado pelos processos fisiológicos do corpo".

Ainda sobre a contribuição desses autores, Marcos et al. (1989) escreveram: "... consideramos relevante salientar, conforme o modelo teórico da Escola Psicossomática de Paris, em função de uma marcante limitação representacional, as tensões tendem a serem descarregadas diretamente no corpo, favorecendo em última instância a eclosão de somatizações. Há justamente por essa razão uma inclinação a doenças orgânicas em sujeitos com capacidade de simbolização restrita. Ocorre por esses, de acordo com Marty (1990/1993) não disporiam de recursos necessários para se valer do aparelho mental e tampouco do aparelho sensório-motor para elaborar psiquicamente ou escoar por meio de comportamentos as tensões experimentadas. Logo, restaria apenas o acionamento da via somática como possibilidade de descarga, a qual se afiguraria, para o psicanalista francês, como o último dos três domínios mobilizáveis por qualquer indivíduo em prol da supressão do desequilíbrio provocado por excesso ou acúmulo de tensões".

Esse conceito é defendido nos institutos de psicanálise e em congressos e jornadas psicanalíticas. Talvez, repita aqui o fenômeno da idealização, frequente na psicanálise.

Essa conceituação de Marty e M' Uzan (1963), considerando o corpo como elemento auxiliar da psique para descarregar conteúdos que não conseguem ser expressos por meio de uma representação mental, parece-me reducionista em relação à importância do corpo. Ele não é um apêndice da mente. É um sujeito com identidade e respostas próprias de importância para a clínica, conforme pretendo mostrar.

Estou mais de acordo com Engel (2005) ao escrever: "os achados da neurociência cognitiva sobre memória implícita e explícita levaram ao estabelecimento da concepção de conhecimento relacional implícito (Stern, 1995; Stern e cols., 1998, Lyons-Ruth e cols., 1998) como um tipo de 'conhecimento sobre o relacionamento' já existente no primeiro ano de vida sob a forma não verbal (não simbólica) e 'armazenado como memória de procedimentos (implícita)'. Stern e cols. (1998) propõem então um modelo de ação terapêutica para psicoterapias dinâmicas baseado na ideia desses momentos dentro de um relacionamento, chamados por ele de momentos de encontro, mudam o 'conhecimento relacional implícito' sem qualquer participação interpretativa - simbólica, devido a não comunicação entre os sistemas de conhecimento implícito e explícito. Embora seja considerado como verdadeira a não comunicação entre a memória implícita e a explícita, a extensão desta incomunicabilidade aos sistemas de conhecimento relacional implícito e explícito tem sido objeto de contestações (Ryle, 2003). A nosso ver estes mecanismos não interpretativos como sugere Stern, correspondem na verdade a mecanismos interpretativos não verbais e inconscientes. Os processos afetivos por trás das introjeções e identificações feitas por uma criança pré-verbal e exercem um poderoso papel no desenvolvimento deveriam ser consideradas como processos significativos desde o início, ou seja, como uma espécie primitiva de atividade interpretativa, mesmo estando seus significados muito longe de poderem se expressar numa linguagem verbal. Embora tenhamos tomado consciência, principalmente a partir da segunda metade do século passado, do importante papel de nossas próprias atuações (ou quase atuações) contratransferênciais, não nos conscientizamos o suficiente de que estas encenações não verbais expressam significados devendo, portanto, ser reconhecidas também como interpretações e, assim, como uma forma efetiva de pensamento a presidir o comportamento".

Como espero demonstrar, a denominação psicossomática é imprecisa, mas seu uso deve resistir às mudanças devido à ortodoxia da psicanálise, psiquiatria e psicologia. Até a data atual nenhum autor fez referência ao corpo como uma entidade etiológica.

Cabe aqui uma crítica ao uso da designação objeto, de forma habitual incorporada na psicanálise, como, por exemplo, um bebê como objeto da mãe ou um paciente como objeto do psicanalise. É mais próprio designar a relação mãe-bebê ou a relação do psicanalista com o analisando, como relações de sujeitos.

SUJEITO-CORPO

O termo sujeito neste livro é definido conforme o *Novo Dicionário* de Aurélio Buarque de Holanda Ferreira (1975) como "o ser individual, real, que se considera como tendo qualidades ou praticado ações".

O sujeito-corpo é constituído pela soma de uma série de sujeitos componentes, ou seja, respostas filogenéticas com princípios de funcionamento, finalidade e anatomia únicos. Porém ligadas e interatuando como as folhas de um livro para manter o sujeito-corpo apto para a sobrevivência.

Está de acordo com Hipócrates (460 a. C. - 370 a. C.) e a neurociência atual, o SNA e o SNC são os principais regentes dos sujeitos do corpo, além de serem a base anatômica da mente.

Importantes funções do sujeito-corpo têm sede nesses sistemas como a filogênese, a embriogênese, a homeostase, os ciclos circadianos, os relógios biológicos, a apoptose, as funções cognitivas como a consciência, a linguagem, a atenção, a percepção, o raciocínio, o pensamento, o juízo e a inteligência, como será comentado adiante.

O sujeito-corpo diante de acontecimentos traumáticos de diferentes naturezas, como físicos, hormonais, infecciosos, psíquicos e outros ocorridos desde a vida fetal reage como um todo. Seu estudo mais minucioso é de fundamental importância para o entendimento do adoecer e, por isso, vou destinar um espaço para expor com detalhes meus conhecimentos adquiridos sobre o mesmo.

O estudo mais minucioso dessa relação corpo-mente é de fundamental importância para o entendimento de algumas entidades clínicas, como: autismo psicológico, psicoses psicogênicas, anorexia nervosa, bulimia, transtornos obsessivos compulsivos, transtorno de estresse pós-traumático, dependência por drogas e álcool, perversões sexuais e outras. O desenvolvimento biológico e psíquico saudável depende da ausência de traumas sem ameaça ao continuar sendo. Vou destinar um espaço para expor com detalhes meus conhecimentos adquiridos sobre o trauma.

TRAUMA

Trauma é uma palavra de etiologia grega. Sua tradução para o português é ferida. Despertei para o estudo da sua importância e relação com o corpo e a mente há um tempo considerável, durante as quais tenho me dedicado a estudos interdisciplinares e observações na minha clínica psicanalítica e psiquiátrica.

Segue um estudo pormenorizado sobre o trauma.

Conceito de trauma segundo Freud

Antes de Freud, segundo Shansis et al. (2003), um marco no seu estudo foi Briquet (1859), ao estabelecer uma conexão psicológica entre o trauma e a histeria em estudo realizado com pacientes histéricas com histórias de eventos sexuais indevidos na infância. Das 501 pacientes histéricas mencionadas, 76% delas tinha origem traumática sexual.

Houve um silêncio até 1889, quando Oppenheim apontou uma conotação organicista para a histeria devido às "mudanças moleculares sutis no SNC".

Depois vieram os estudos de Charcot (1825-1893) e seus discípulos Giles de La Tourette (1857-1904) e Babinski (1857-1932). Deram conotação "orgânico-neurológica" para a histeria e, de outro lado, Janet (1859-1947) e Freud (1856-1937), dando prosseguimento e aprofundamento a esses estudos com conotação psicológica.

Sem dúvida, Freud (1886) foi o mais importante estudioso do impacto do trauma sobre a mente, mais especificamente o sexual, desde o início de seus estudos sobre a histeria. Sustentou ser produto de abusos sexuais na infância por parte dos pais ou cuidadores de suas pacientes histéricas.

Mais tarde, Freud (1905) verificou ser a "teoria da sedução" uma falsa verdade, porque não se confirmavam o relato das pacientes de ocorrência desses abusos de terceiros, como relatavam. Tentou desistir de seus estudos até então, mas prosseguiu com seus estudos. Descobriu, então, nesses relatos produto de fantasias sexuais inconscientes geradas pelos impulsos incestuosos das mesmas. Assim os abusos sexuais na infância mencionados por essas não eram produto da realidade externa vivida e sim da sua realidade interna decorrente do Complexo de Édipo.

Nessa época, conceituou o trauma tendo por base seus estudos desenvolvidos sobre o inconsciente, como se segue: "uma experiência que, em curto período de tempo, aporta à mente um acréscimo de estímulo excessivamente poderoso para ser manejado ou elaborado de maneira normal, e isso só pode resultar em perturbações permanentes da forma em que esta energia opera", conceituação aplicada por ele para a compreensão da psicopatologia das neuroses de defesa: histeria, fobia e obsessão. Dito de outra forma, ele aplicou suas descobertas dos fenômenos inconscientes derivados dos impulsos sexuais para explicar a psicopatologia das neuroses de defesa. Era um conceito do mesmo baseado na sua teoria econômica dos fenômenos psíquicos.

Em 1917, devido à violência da primeira guerra mundial, confrontou essa linha de pesquisa com o estudo da neurose traumática da qual tinha menos conhecimento.

Em 1919, publicou *A Psicanálise das Neuroses de Guerra*. Diferenciou-a de forma mais enfática das neuroses de defesa e admitiu uma patologia decorrente de agentes estressores externos com os fatos da guerra, torturas, sequestros, abusos sexuais, descarrilamento de trens e outros. Escreveu: "As neuroses traumáticas não são, em sua essência, a mesma coisa que as neuroses de defesa, que estamos acostumados a investigar e tratar pela análise; até agora, não conseguimos harmonizá-las com nosso ponto de vista, e espero, em alguma época, poder explicar-lhes a razão desta limitação... a neurose traumática não está relacionada somente à guerra".

Nessa época, mostrou-se reservado para emitir um parecer sobre o valor de suas teorias desenvolvidas a fim de estender o tratamento das neuroses de defesa à neurose traumática.

Em 1920, reafirma a improcedência das mesmas para explicar a neurose traumática e mostrou desconhecer seus efeitos tardios. Escreveu: "Antes que essas propostas pudessem ser postas em ação (centros psicanalíticos para estudar a natureza desses intricados distúrbios e o efeito terapêutico exercido sobre eles pela psicanálise), a guerra chegou ao fim, as organizações estatais ruíram e o interesse pelas neuroses de guerra deu lugar a outras preocupações. No entanto, é significativo o fato de que, quando as condições de guerra cessaram de operar, a maior parte das perturbações neuróticas pela guerra desapareceu simultaneamente".

Em *Além do princípio de prazer*, Freud (1920) advertiu de forma mais abrangente: "A biologia é, verdadeiramente, uma terra de possibilidades ilimitadas. Podemos esperar que ela nos fornecesse as informações mais surpreendentes, e não podemos imaginar que resposta nos dará, dentro de poucas dezenas de anos, às questões que lhe formulamos. Poderão ser de um tipo que ponha por terra toda nossa estrutura artificial de hipótese. Se assim for, poder-se-á perguntar por que nos embrenhamos em uma linha de pensamento como o presente (a oposição entre os instintos de vida e os instintos de morte) e, em particular, torná-la pública. Bem, não posso negar que algumas das analogias, correlações e vinculações que ela contém, pareceram merecer consideração".

Em 1925, voltando ao tema das neuroses de guerra, escreveu: "Desde aquela época não tive oportunidade de voltar à pesquisa das neuroses atuais; nem essa parte do meu trabalho foi continuada por outro". Em 1938, acrescentou: "É possível que aquelas que são descritas como neurose traumática (devidas a um susto excessivo ou graves choques somáticos como desastres ferroviários, soterramentos etc.) constituam exceção a isso; seus determinantes na infância até aqui fugiram a investigação".

Em verdade, Freud esteve interessado desde seus escritos iniciais, como no *Projeto para uma psicologia científica*, escrito em 1895 e publicado somente em 1950, em articular a psicanálise com a biologia. Fez inúmeras advertências em 1918, 1919, 1920 e 1925, como citado.

Strachey (1937) aponta que mais no fim da vida de Freud, o mesmo mencionava, segundo citação no prefácio de uma das suas últimas obras, *Análise Terminável e Interminável* (Freud, 1937, pág. 242). Escreveu: "É de se notar, em primeiro lugar, que os fatores para os quais ele chama grandemente a atenção são de natureza fisiológica e biológica, sendo assim, em geral, insusceptíveis a influências psicológicas. Desse tipo, por exemplo, é a relativa força 'constitucional' dos instintos (p. 255ss.) e a relativa fraqueza do ego, devida a causas fisiológicas como a puberdade, a menopausa e a doença física (p. 258). Mas o fator impeditivo mais poderoso de todos, que está além de qualquer possibilidade de controle, é o instinto de morte".

Contudo, precisamos anotar que Freud, apesar de suas advertências, continuou tratando a neurose traumática com o mesmo referencial teórico e técnico utilizado para as neuroses de defesa, sem mesmo fazer o diagnóstico diferencial entre ambas. Ainda assim foi muito articulado e parcimonioso na sua obra. Talvez essa a razão por tornou-se o totem da ciência psicanalítica. Quase tudo escrito está intocado e é referência.

Há necessidade de dar um desconto para Freud na questão citada do abandono de suas próprias advertências quanto à biologia, mantidas até o fim da sua vida. Seus seguidores imediatos e outros mais recentes permaneceram reticentes em não associar a psicanálise com as novas descobertas da biologia. Continuam tratando os pacientes portadores de neurose traumática com o mesmo referencial teórico clássico da psicanálise das neuroses de defesa. Não fazem diferenciação entre ambas com prejuízo para os resultados terapêuticos obtidos, pois ambas requerem tratamentos diferentes, como será detalhado nos casos clínicos apresentados.

Alguns autores defendem a existência de mais de uma psicanálise, entre os quais me incluo. Um olhar para minhas duas análises pessoais durante minha formação com psicanalistas criteriosos, mas de correntes psicanalíticas diferentes, me mostraram quanto foram diversas: uma freudiana e outra kleiniana. Concluí que em nenhuma delas houve foco em eventos traumáticos pelos quais, retrospectivamente com meus estudos, pude atinar e os sintomas decorrentes para os quais procurava tratamento.

É natural que Freud se sentisse impactado como a oposição da comunidade científica de sua época às suas descobertas relativas à sexualidade infantil, ao desenvolvimento da teoria sexual psicogênica das psiconeuroses, à estrutura do aparelho psíquico, ao narcisismo, às psicoses e outros temas. Por outro lado, é preciso reagir a críticas de terceiros quanto a excelência da análise do paciente psiconeurótico em três, quatro ou cinco sessões semanais, a importância da neutralidade psíquica e do acolhimento do analisando pelo psicanalista no *setting* terapêutico e o trabalho interpretativo do material inconsciente derivado do id e ego.

Outras escolas surgiram além da freudiana e kleiniana, como a kohutiana e winnicottiana. Atualmente cresce o número de adeptos seguidores de Bion (1897-1979) e Lacan (1901-1981), embora o último tenha sido afastado da Associação Internacional de Psicanálise (IPA) por razões omitidas aqui e seus seguidores não aceitarem explicitamente a associação da psicanálise com a biologia.

A diversidade entre essas escolas, já em 1922, levou os psicanalistas a tentarem unificar a teoria e a técnica psicanalítica com a criação de parâmetros para uma formação psicanalítica. Apesar dessa iniciativa ativa até os dias de hoje, a psicanálise tornou-se uma torre de Babel, onde psicanalistas de diversas escolas falam línguas diferentes. Continuam os esforços com criação de grupos dentro da IPA para tentar definir uma unanimidade entre as correntes atuais. Contudo, um mesmo material clínico é enfocado de forma diferente de acordo com referencial teórico e técnico de cada psicanalista. Seu trabalho clínico tem semelhança ao do escultor, que vai modelando seu objeto de criação, segundo sua referência teórica e sua imaginação criativa. O paciente é formatado segundo o referencial teórico de seu psicanalista, criando impasses terapêuticos e análises iatrogênicas com mais frequência do que se julga.

Mais atualmente, a psicanálise tem recebido críticas, algumas bem construtivas, da comunidade científica no sentido da ausência de parâmetros definidos, conforme Kandel (2003), Prêmio Nobel de Medicina de 2000 com estudos sobre a memória implícita. Nascido na Áustria, fez sua formação psicanalítica e imigrou para a América, onde continuou praticando-a até começar a se dedicar aos estudos da memória citada. Valendo-se da sua experiência e conhecimento psicanalítico, escreveu: "Durante a metade do século XX, a psicanálise revolucionou nossa compreensão da vida mental. Ela proporcionou um conjunto surpreendente de novos *insights* sobre os processos inconscientes, o determinismo psíquico, a sexualidade infantil e, talvez, o tema mais relevante de todos: a irracionalidade da motivação humana... Embora o pensamento psicanalítico continue a progredir, ultimamente tem havido relativamente poucos novos *insights* e relevantes progressos, com a possível exceção de alguns avanços na área do desenvolvimento infantil. Este declínio é lamentável, já que ela continua a representar a visão mais coerente e intelectualmente satisfatória da mente humana... Tenho como propósito neste artigo sugerir uma forma de revigoramento da teoria psicanalítica que se dá através do desenvolvimento de uma relação próxima com a biologia em geral e a neurociência cognitiva em particular".

Os psicanalistas continuam a tratar a neurose traumática com o mesmo ponto de vista de Freud, talvez a resposta por parte da crise atual pela qual passa a psicanálise. Possivelmente o dogmatismo psicanalítico seja responsável pela distância dos conhecimentos atuais desenvolvidos pela biologia.

Conceito de trauma segundo o DSM-IV

A valorização das pesquisas sobre o trauma teve início em 1970, durante a guerra do Vietnã. Daí surgiu a primeira tentativa de conceituar os traumas da guerra, mais especificamente no DSM-III-R (1987).

Anos depois, foi revisado e conceituado como: "... a pessoa vivenciou, testemunhou ou foi confrontada com um ou mais eventos que envolveram ameaça de morte ou de grave ferimento físico ou ameaça a sua integridade física ou à de outros; a pessoa reagiu com intenso medo, impotência ou horror" (DSM-IV, 1994).

Os estudos foram intensificados após o atentado terrorista em Nova York de 11 de setembro de 2001.

As conclusões apontadas são diferentes daquelas resultantes do conceito de Freud sobre o ego e apontam o corpo como sujeito, como se segue:

a. diferente do conceito de Freud, segundo o DSM-IV (1994) o evento traumático resulta em uma noção de morte pela vítima ou testemunha. Esse elemento e outros mencionados são adotados no conceito de trauma usado nesse livro. A pessoa foi exposta a um evento traumático no qual:

(1) a vítima experimentou, vaticinou ou foi confrontada com um evento ou eventos envolvendo ameaça de morte ou injuria grave ou uma ameaça à integridade física de si mesmo ou de outros;

(2) a resposta da pessoa envolvia intenso medo, desamparo ou horror. Pode se manifestar por comportamento desorganizado ou agitado.

b. O evento traumático é persistentemente reexperimentado em um (ou mais) dos seguintes modos:

(1) recordações angustiantes recorrentes e intrusivas do evento, incluindo imagens, pensamentos ou percepções. Nota: em crianças pequenas, brincadeiras repetitivas podem estar relacionadas aos traumas.

(2) sonhos angustiantes recorrentes do evento. Nota: em crianças, pode haver sonhos assustadores sem conteúdo reconhecível.

(3) agir ou sentir como se o evento traumático fosse recorrente (inclui uma sensação de reviver a experiência, ilusões, alucinações e episódios de *flashbacks* dissociativos, incluindo aqueles ao despertar). Nota: em crianças menores, podem ocorrer reencenação do trauma.

(4) sofrimento psicológico intenso por exposição a sinais internos ou externos que simbolizam ou lembram um aspecto do evento traumático.

(5) reatividade fisiológica na exposição a sinais internos ou externos que simbolizam ou lembram um aspecto do evento traumático.

c. evitação persistente de estímulos associados ao trauma e entorpecimento da resposta geral (não presente antes do trauma), conforme indicado por três (ou mais) das seguintes manifestações:

(1) esforços para evitar pensamentos, sentimentos ou conversas associadas ao trauma.

(2) esforços para evitar atividades, lugares ou pessoas que despertam lembranças do trauma.

(3) incapacidade de recordar um aspecto importante do trauma.

(4) diminuição marcante do interesse ou participação em atividades relacionadas ao trauma.

(5) sentimento de distanciamento ou estranhamento dos outros.
(6) restrição de afeto (por exemplo, incapaz de ter sentimentos amorosos).
(7) sentimento de falta de futuro (por exemplo, não espera ter uma carreira, casamento, filhos ou uma expectativa de vida normal).

d. sintomas persistentes de excitação aumentada (não presentes antes do trauma), conforme indicado por dois (ou mais) das seguintes manifestações:
(1) dificuldade em cair ou permanecer dormindo.
(2) irritabilidade ou explosões de raiva.
(3) dificuldade de concentração.
(4) hipervigilância.
(5) resposta repentina exagerada.

e. A duração da perturbação (sintomas nos critérios B, C e D) é superior a um mês.

f. A perturbação causa sofrimento clinicamente significativo ou prejuízo nas áreas sociais, ocupacionais ou outras áreas importantes de funcionamento.

Especificar se:
Agudo: se a duração dos sintomas for inferior a 3 meses.
Crônico: se a duração dos sintomas for de 3 meses ou mais.

Especificar se:
Com início tardio: se o início dos sintomas for pelo menos 6 meses após evento traumático.

A escolha do trauma como tema central do Congresso Internacional da IPA em 2005 realizado no Rio de Janeiro e do qual participei, pode ser um indicativo dessa retomada e valorização de sua importância. Contudo, os trabalhos psicanalíticos apresentados continuaram enfocando-o conforme o conceito freudiano e não diferenciando o diagnóstico das neuroses de defesa da neurose traumática nos casos clínicos apresentados, como citado por Freud em 1919.

Também não constou das atividades do recente Congresso Brasileiro de Psicanálise de 2017 com o tema "Morte e Vida", temas que certamente envolvem ansiedades relacionadas ao se manter vivo e a morte. O mesmo acontece com as publicações psicanalíticas atuais em revistas. Continuam não mostrando nenhum trabalho associando o estudo do trauma conceituado segundo o DSM-IV, mesmo alguns casos de autismo, onde saltam aos olhos eventos traumáticos na gestação e mesmo logo após o nascimento.

Entendo que limitar o conceito de evento traumático a catástrofes como o tsunami da Indonésia, as guerras no Oriente Médio, os terremotos, os soterramentos e outros, constitui um reducionismo. Acontecimentos relativos a uma batida leve de carro, assaltos insignificantes e outros podem gerar sintomatologia intensa e de difícil tratamento.

Mesmo a psiquiatria o tem enfocado apenas em seu diagnóstico, sua sintomatologia e sua epidemiologia, havendo pouco esclarecimento sobre sua etiologia e patogênese. Não há indicações sobre as duas últimas, como é o escopo deste livro: o evento traumático seguido de noção de morte dispara uma resposta filogenética em busca da sobrevivência e outra em busca do apaziguamento da vítima.

Acrescento, nem toda vítima de trauma desenvolve sintomas. Há necessidade da predisposição gerada por um outro anterior sentido com noção de morte. Esse é outro item importante desse livro, não levado em conta sobre a sua fisiopatogenia, deixando uma lacuna importante nesses estudos.

Sintomatologia

Os pacientes apresentam perda do apetite, da libido sexual, das funções cognitivas, estados de ansiedade, lentidão do funcionamento intestinal, insônia, impaciência, agressividade e outras. Pode ainda, simultaneamente ou não, apresentar sintomas psicóticos tipo sensações de decomposição física, de perda de fezes e de urina, de queda ininterrupta no espaço em busca de algo para agarrar-se sem o conseguir, sintomas persecutórios e paranoides. Toda essa sintomatologia será mostrada adiante e tem me ajudado na compreensão desse paciente e no seu tratamento. Em alguns gera sintomatologia complexa e antagônica.

Geralmente, o paciente é diagnosticado como portador de depressão neurótica ou como é denominado mais atualmente síndrome do *burn out*, diferenciação a demandar capítulo à parte pela sua importância no tratamento. Essas alterações são mediadas em grande parte pelo SNA e têm natureza inata e reflexa.

Primeiros estudos

Ao longo do tempo venho realizando estudos sobre a experiência traumática no sentido de compreender sua patogênese seguindo a conceituação da mesma pelo DSM-IV (1994). Atenho-me à uma vertente psicanalítica e outra neurobiológica, associadas com experiências da psicologia experimental, outras ciências afins e minha atividade terapêutica.

Um fato inesperado e importante ocorreu em 2001, quando compareci a uma conferência de Scaer (2001) na Faculdade de Medicina da Universidade Federal de Minas Gerais (FMUFMG). Esperava por uma conferência sobre o desenvolvimento psíquico primitivo, tema no qual eu estava interessado na época. Contudo, não foi esse o caso. O conferencista, um médico ortopedista americano, especializado em perícias de acidentes do trânsito, havia sido convidado por meus colegas do Departamento de Psiquiatria da citada faculdade para falar sobre seu livro *O corpo carrega o peso do trauma*. Beneficiei-me do engano pelo conteúdo de sua fala sobre o trauma e comecei a me familiarizar com este estudo, em parte do meu conhecimento por meio de estudos anteriores de Winnicott (1962).

Ao estudar o desenvolvimento psíquico precoce, Winnicott (1962) ele realçou: "O caos aparece pela primeira vez na história de desenvolvimento emocional através das interrupções reativas do ser, especialmente quando tais interrupções são longas demais. O caos é primeiramente uma quebra na linha do ser, e a recuperação ocorre através de uma revivência da continuidade; se a perturbação ultrapassa um limite possível de ser tolerado, de acordo com as experiências anteriores de continuidade do ser, ocorre que devido às leis elementares da economia, uma quantidade de caos passa a fazer parte da constituição do indivíduo". De certo, essa formulação está impregnada de sua prática como pediatra e seu grau de intuição para apreender aspectos precoces do desenvolvimento do recém-nascido e do bebê.

Scaer (2001) destaca em seu livro o trabalho de Levine (1998), médico e terapeuta americano e PhD em Psicologia e Biofísica Médica, idealizador do método de nível internacional para o tratamento dos pacientes pós-traumáticos, o qual denominou de Experiência Somática, que descreve a reação de imobilidade da presa diante do predador implacável, quando não consegue lutar ou fugir. Ele tentou complementar e aprofundar dentro do seu limite de compreensão, o entendimento da patogênese dos sintomas e das respostas físicas e químicas da vítima do predador descritas, no caso um tigre diante de uma impala. Nas condições de luta ou de fuga há liberação de adrenalina e no desfalecimento liberação de morfina em altas doses para atenuar a dor em caso de ser comido, tudo de forma intuitiva. Observou a partir dessas constatações que não havia acentuada diferença das respostas do animal e do homem diante da ocorrência de eventos psíquicos e biológicos traumáticos.

Scaer (2001) aponta para outro item de relevante importância, a necessidade de predisposição para o desenvolvimento da sintomatologia pós-traumática. Relatou que vítimas de acidentes automobilísticos com velocidade de 10 km por hora apresentavam sintomatologia mais grave do que outros com acidentes em velocidade acima de 50 km por hora. Isso se devia à existência de uma predisposição, mas não foi além dessa observação. Aprofundei minhas pesquisas em busca de subsídios para identificar qual era essa predisposição.

Encontrei os trabalhos de Harlow (1958) e Levine (1962), dois psicólogos experimentais americanos, com macacos e ratos recém-nascidos, respectivamente. Foi um achado importante devido à comprovação experimental da importância da predisposição para o desenvolvimento dos sintomas. Essas experiências revelaram como a separação precoce desses animais de suas matrizes, deixavam sequelas irreversíveis nos seus portadores se separados das mesmas logo após o nascimento, por um período de três a seis meses. De volta ao convívio com as matrizes, todos apresentavam reações de retraimento, isolamento, perda do apetite e do interesse sexual e assim permaneciam até a morte. O mesmo não acontecia com o grupo controle separado após dez dias do nascimento. Seus participantes, quando do retorno às matrizes seis meses após se reintegravam ao convívio sem os sintomas mencionados e logo se ressocializavam. Estava confirmada a tese da importância da predisposição, estando a mesma estava relacionada à ocorrência de eventos bem precoces.

Scaer (2001) acrescenta ainda, outro elemento importante na patogenia do trauma. Segundo ele esse transtorno é resultante do estado de estresse, como está implícito no nome TEPT e uma das causas responsáveis pelas outras entidades autistas citadas. Essa constatação remeteu-me aos estudos de Selye (1936), o pai dos estudos sobre o estresse, publicados em *Síndrome de Adaptação Geral*. Para ele o estresse é um estado de exaustão, resultado do esforço continuado, indo além da tolerância física e psíquica do seu portador. Como será mostrado, a vítima recorre a defesa filogenética de regressão somática em busca da homeostase para manter a sobrevivência e ao fazê-lo torna-se mais insuficiente para lutar para sobreviver, mas continua lutando, um recurso paradoxal. Daí o estresse. Todos os portadores independentemente da idade, se tornam mais lentos biologicamente e psiquicamente. Ele partiu do uso da denominação de estresse pela física, usada para designar os motores de avião com desgaste, inviabilizando-o para continuar voando. Tal como acontece com os aviões, acontece com o homem.

Kafka (1915) contribuiu com meus estudos sobre o estresse com seu conto *A metamorfose*, escrito de forma imaginativa ou mesmo onírica, tendo como personagem central Samsa Gregor, metamorfoseado em barata, após exaustivo tempo de trabalho como caixeiro-viajante do qual não gostava, assim como de seu autoritário chefe, além das incompreensões da família, composta pelo pai, mãe e irmã, dependendo desse seu trabalho para sobreviver. Estava fatigado, estressado. A leitura do conto é arrastada pela verdade inerente, mobilizando resistência à mesma. É costumeiro ser abandonada logo no início, qualificada como asquerosa e sofrida, a não ser para os exegetas em literatura.

Eu tentei lê-lo na minha juventude e não consegui. Guardei o livro e só depois do início desses estudos consegui fazê-lo e utilizá-lo para ilustrar clinicamente meus estudos sobre o TEPT. Escrevi, então, um trabalho sobre esse conto (Salim, 2004a).

Escreve Kafka: "Gregor após uma noite mal dormida devido ao cansaço do trabalho desgastante e as incompreensões da família, ao acordar se vê transformado em barata". Entendo como uma regressão somática aos nossos inícios filogenéticos, ou seja, dos animais. Tenta sair da cama e não consegue, enquanto sua presença é reclamada do lado de fora do seu quarto pelos pais, acompanhado do chefe de serviço pelo seu atraso. O personagem, embora com aparência de inseto, pensa como ser humano, exatamente como acontece com outros com forma mista de homem e de animal.

São inúmeros na mitologia grega, metade homem e metade animal. É uma criação imaginativa rica em intuição e reflexão e tem presença constante na cultura do homem atual. Os gregos criaram uma serie de personagens míticas, como os Centauros (metade homem e metade cavalo), os Sátiros (corpo de homem, chifres e patas de bode ou cabra), o Minotauro (corpo de homem e cabeça de touro), o Pégaso (cavalo alado), as Sereias (metade mulher e metade peixe), a Górgona (mulher com a cabeça rodeada de cobras) e outros. Na verdade, estavam antecipando pela criação onírica, o conhecido hoje: o homem civilizado realmente é metade homem e metade animal. Mais atualmente, foi criado o Lobisomem (metade homem, metade lobo).

Gregor acaba, ao fim de seis meses, se deixando morrer, rejeitado e incompreendido e exausto. O conto é valioso para nós especialistas, revela a possibilidade de o homem desenvolver comportamento de animal em condições adversas de vida, acossado pelo estresse, a fadiga e o medo de morrer. Seu portador fica impotente para assumir seus encargos normais. Seu corpo carrega o peso do trauma e vai se exaurindo aos poucos. Vive entre a vida e a semivida, na borda, somente com o mínimo necessário. Deixa-se morrer, quieto, inerte, ao lhe faltar forças para o ato final concreto de se matar.

Observo em meus pacientes que revelam sonhos nos quais se vêm transformados em insetos ou vertebrados, se metamorfoseiam se o sofrimento é crescente.

A constatação pelo homem da existência em si e no seu modo de ser e sentir de uma parte animal sempre foi recusada de forma veemente por ele. Pode-se considerar tal recusa decorrente de uma quarta ferida narcísica. É tão difícil para o homem moderno admitir ser governado por uma parte animal, tanto quanto foi difícil admitir ser governado pelo inconsciente.

Repetindo, somos no início de nossa existência, regidos pelo SNA, isto é, por meio de respostas biológicas inatas e reflexas, isto é, sem um ego, em muito semelhante ao funcionamento animal.

A essa altura dos meus estudos, já havia percorrido bom caminho para o esclarecimento da etiologia dos sintomas. Estava clara sua relação com o trauma tanto físico, quanto psíquico, se acompanhado da noção de morte, da necessidade de predisposição constituída a partir de outro evento traumático precoce com a mesma característica, da relação com o estresse e da filogênese, quatro elementos básicos para explicar a sua patogênese.

Especulação

Como citado, a interdisciplinaridade permitiu-me desenvolver evidências sobre as causas e a sintomatologia traumática. Contudo, a especulação teve papel importante nas minhas deduções teóricas. Essas não foram produtos de minha criação imaginária. Tiveram sempre e continuam tendo o respaldo do exercício da experiência clínica, uma referência concreta e experimental para as mesmas com valor de uma evidência, embora sujeita às críticas dos cientistas.

A especulação foi contemplada por alguns pesquisadores como fundamento das ciências exatas, no caso, a experimentação. Posso afirmar, como eles, não existir ciência sem especulação.

Nicolelis (2011) é um exemplo entre esses. Brilhante neurocientista brasileiro, com destaque internacional por suas pesquisas relacionando cérebro-máquina. Em seu livro *Muito além do nosso eu*, escreveu: "Quase sempre um dos meus manuscritos científicos retornava do processo de revisão obrigatória. Aconteceu durante as últimas três décadas e tive que lidar com a recomendação inevitável (dos pareceristas) de que todos os fragmentos de pensamento especulativo sobre a nossa habilidade para inter-relacionar cérebros e máquinas deveria ser removido dos trabalhos. De forma mais frequente, outros neurocientistas que revisaram esses papéis antes da publicação, não quiseram entreter a noção de que essa pesquisa poderia prestar apoio aos mais ousados sonhos científicos no futuro.

Durante aqueles dolorosos retornos, eu fantasiava sobre o dia em que eu pudesse resgatar aquelas ideias especulativas e libertá-las para que outros as considerassem e as contemplassem. Nosso progresso atual no laboratório significa que o tempo para as contar aos outros finalmente chegou. Enquanto eu estive confrontando a cultura ultraconservadora da academia, uma série de escritores e diretores de filmes de ficção científica especulava sem reserva e, por vezes, abusavam no excesso de férteis imaginações. Somente em 2009, duas megaproduções, Surrogates e Avatar, retrataram o estereótipo de cientistas controlando, danificando, matando e conquistando pessoas com suas magias tecnológicas. Nesses filmes, a interface cérebro-máquina permitiu a seres humanos viver, amar e lutar pelo próximo".

Como ele, tenho estado sozinho nos meus estudos, embora tenha publicado alguns trabalhos. Não surgiram indagações e pior, nem objeções encaminhadas a mim por colegas. Embora me fortaleça pela resposta terapêutica abonadora de meus pacientes a indicar o rumo certo de minhas referências teóricas, estaria mais satisfeito discutindo com os mesmos as hipóteses propostas. Talvez a originalidade dos conceitos e hipóteses apresentadas, não tenha sido suficientemente clara para serem entendidas e discutidas por eles. Essa é a razão deste livro. Nele, talvez, eu consiga expressar meus desenvolvimentos de forma mais evidente e integrada que o fazia levando em conta entidades clínicas isoladas.

Vou prosseguir mencionando estudos a partir de diversas vertentes do conhecimento científico, nos quais fundamentei minhas proposições sobre a patogênese da experiência traumática.

Vertente psicanalítica

Ogden

Como psicanalista, era natural começar meu caminhar pelo terreno da psicanálise. Como mencionei, por volta de 1998 meu interesse estava centrado no estudo do desenvolvimento psíquico primitivo. Foi quando me familiarizei com o trabalho de Ogden (1989b), ao ser indicado para comentar um dos seus trabalhos em um seminário teórico no nosso Instituto de Psicanálise da atual Sociedade Brasileira de Psicanálise de Minas Gerais para candidatos à formação psicanalítica. Interessei-me sobremaneira por seus artigos: "*Sobre o conceito de uma posição autista contígua*" (1989b), "*O terceiro analítico: trabalhando com fatos clínicos intersubjetivos*" (1996) e finalmente "*Isolamento pessoal: o colapso da subjetividade e da intersubjetividade*" (1996). Devido à originalidade dos conceitos emitidos pelo autor, passei algum tempo adquirindo familiaridade com sua escrita e conteúdo. A integração dos mesmos foi um desafio para minha compreensão, captação do seu sentido e sua aplicação clínica, mas valeu a pena.

Publiquei um artigo baseado nesses trabalhos, denominado "*Recentes confluências teóricas na Psicanálise e suas possíveis contribuições para a eficácia da pratica clinica*" (Salim, 2001), ilustrado com exemplo clínico.

As contribuições de Ogden me auxiliaram a aprofundar o conhecimento do início do desenvolvimento psíquico e sua relação com as experiências sensoriais precoces. Escreveu ele: "a intensidade e o ritmo dessas são ditadas pela filogênese. Não existe ainda um sujeito que interpreta. Existe, apenas, a noção de uma experiência em uma superfície sensorial relacionada aos processos vitais... dependendo do ritmo, regularidade e intensidade desta experiência, começa o sentimento de lugar, de forma, de continuidade e de previsibilidade do Ser, do existir. Em síntese: onde estou e como sou." Estaria ele se referindo aos batimentos cardíacos do feto ou de seus movimentos intestinais ou respiratórios (indagação minha), pois não fica claro se ele refere à vida fetal. Aqui, Ogden me remeteu a Condillat (1775) ao afirmar: "a sensação não é uma presença inerte".

Como extensão, criei a expressão: "Sinto, logo existo" tendo por base as experiências sensoriais responsáveis pela sensação de estarmos existindo. Pode ser considerada como complemento ao axioma de Descartes (1596-1650): "Penso, logo existo".

Ogden (1989b) considera estar a ansiedade básica nessa posição relacionada ao não continuar existindo, à angústia subjetiva de morte. Complementa: "Estou propondo desde os primórdios da vida psicológica (e ao longo de toda a vida), existir uma forma de experiência na qual a mãe, na condição de matriz psicológica, é substituída por uma matriz de sensação autônoma. O ambiente humano vivo é substituído por relações com experiências sensoriais totalmente confiáveis de tipo autista-contíguo. Tais relações autista-contíguas são maquinais na sua precisão".

Sugeriu a tese: "o isolamento de tipo autista-contíguo implica, em algum grau, o ato da substituição da mãe como ambiente por um ambiente sensorial autogerado". Escreveu: "O tipo de isolamento que tenho em mente não é uma forma de morte psicológica. Estou tentando descrever é uma suspensão da vida no mundo dos vivos e a substituição deste mundo por um mundo autônomo de relações com sensações perfeitas. Deixar o bebê nessa forma de isolamento e resgatá-lo de modo compassado e periódico é uma parte essencial da qualidade rítmica precoce do desenvolvimento humano".

Ilustra essas referências com a vinheta clínica: "Uma analisanda, recentemente, deu à luz a um bebê saudável e vivenciava um estado de pânico, quando seu filho dormia, temendo estar morto. Nós, como analistas, estamos familiarizados com tais angústias e tendemos a compreendê-las em termos de desejos assassinos inconscientes e universais, assim como em termos da projeção da própria sensação de morte interna da mãe. Parece-me tais compreensões serem suplementadas com a apreciação de um componente adicional da relação precoce mãe-bebê. Considero, hoje em dia, tais angústias refletirem a resposta da mãe à sua experiência real de que, de vez em quando, ela perde seu bebê e, de que, a cada vez, ela o recupera. Ou seja, a mãe de fato vivenciou a perda de seu bebê no decorrer do isolamento periódico deste na sua própria matriz sensorial, e fica aterrorizada de que essa experiência próxima da morte se repita (desta vez, irreversivelmente)." Cita a formulação existencial de Sartre (1943), de imensa beleza e profundidade no seguinte pensamento:

> "Resta saber em a região delicada e esquisita do Ser encontraremos o Ser que é seu próprio Nada".

Penso ser esta região é a área da superfície sensorial, onde ocorreu a experiência sensorial, geralmente a pele ou uma mucosa do corpo, dando ao ser a noção de lugar e de como está sendo.

Rilke (1922), em *Elegias a Duíno*, descreve com leveza e fidelidade ao sentir do indivíduo no estado de suspensão animada de vida, como penso ser adequado denominar esse estado.

Segue um trecho:

"Certamente é estranho não mais habitar a terra,
não mais praticar costumes apenas apreendidos,
não mais dar destino humano às rosas e a outras coisas promissoras;
não mais ser aquilo que se era, entre mãos infindamente angustiadas,
e esquecer, até o próprio nome e largá-lo como um brinquedo
quebrado.
Estranho, não mais desejar os desejos.
Estranho ver, flutuando no espaço, tudo que estava relacionado.
E o estar-morto é penoso e pleno de tentativas para chegar a sentir,
enfim, um pouco de eternidade".

Essa preciosa descrição poética do viver em suspensão animada destaca o valor das artes e dos escritores, como Freud mencionou, para expressar as formas mais excêntricas, esdrúxulas e sensíveis da experiência humana, quase toda ela originada da trama entre o animal e o homem, entre o mundo dos vivos e o mundo dos semivivos e entre o mundo orgânico e o mundo inorgânico. Essa trama está nos pacientes à espera da nossa leitura atenta.

Ogden (1989b) contribuiu para o entendimento da patogenia e da psicopatogenia, "ao propor a existência de uma relação dialética e diacrônica entre três organizações psicológicas fundamentais - a posição depressiva, a posição esquizoparanoide e a posição autista-contígua. Nenhuma dessas três organizações existe isolada das outras: cada uma cria, preserva e nega as outras dialeticamente. Cada uma gera um estado vivencial caracterizado por suas próprias formas de angústia, tipos de defesa, grau de subjetividade, formas de relação de objeto, tipos de internalização, etc.".

Menciona alguns sintomas oriundos do trauma no período autista-contíguo: "sentimentos psicóticos de estar em decomposição, de sensação dos esfíncteres corporais estarem falhando com o vazamento de fezes e urina, de medo de cair no espaço ou no sono, de não saber onde está, de imagens distorcidas de si mesmo, de desfalecimento... Conservei a palavra autista para designar a mais primitiva organização psicológica... a palavra contígua é particularmente adequada favorecendo a nomeação dessa organização, uma vez que a experiência de haver superfícies se tocando... provê a antítese necessária à conotação de isolamento e desconexão contida na palavra autística".

Embora sua contribuição seja substancial para o entendimento da patologia autista, como proponho nesse livro, seus estudos não abrangem o período fetal e nem do pós-parto imediato. Lastreou seus estudos em Winnicott e Tustin.

Winnicott

Revisitei a obra de Winnicott e suas referências à biologia. Há observações importantes sobre as sensações sensoriais do bebê, embora ele, como Ogden e Tustin, não dedicou ao estudo das mesmas na vida fetal. Contudo, Winnicott (1962) indagou: "em qual idade o ser humano começa a ter experiências? Devemos presumir haver antes do parto, o bebê seja capaz de reter memórias corporais, pois existe certa quantidade de evidências, a partir de uma data anterior ao nascimento, indicando que nada daquilo vivenciado por um ser humano seja é perdido. No útero, os bebês realizam certos movimentos, a princípio, parecidos mais com os movimentos natatórios de um peixe. As mães dão imenso valor à atividade dos seus bebês, e esperam por ela a partir do sexto mês; é possível presumir sensações começam da mesma época; de um modo ou de outro, é possível - e até provável - a existência de uma organização central capaz de perceber essas experiências... Qual o estado do indivíduo humano quando o ser emerge do não ser? Onde fica a base da natureza humana em termos de desenvolvimento individual? Qual o estado fundamental ao qual todo ser humano, não importa a sua idade ou experiências pessoais retornaria, se desejasse começar tudo de novo?".

Este meu livro está envolvido com essas indagações e busca de respostas para as mesmas.

Acrescentou: "Os rudimentos de uma elaboração imaginativa de exclusivo funcionamento do corpo devem ser pressupostos se pretende afirmar que este novo ser começou a existir e começou a adquirir experiências podendo ser consideradas pessoais".

Winnicott deixa entender ser o funcionamento do corpo antes da existência de um ego cognitivo captado por alguma instância biológica. Esse registra as experiências sensoriais do feto, capacitando-o a perceber estar existindo, tal qual acontece no adulto ao roer as unhas dos dedos das mãos ou desenvolve o bruxismo. Como veremos, nesse livro remeto esse registro às amígdalas cerebrais.

Tustin

Após a leitura de seu livro *Barreiras autistas em pacientes neuróticos* (Tustin, 1990) interessei-me pelo seu estudo mais detalhado e aplicado a clínica. Constitui um grupo de estudos com candidatos do curso de formação em minha sociedade psicanalítica, quando ainda era Núcleo Psicanalítico, com encontros semanais de duas horas de duração, por dois anos. Na primeira parte do horário fazíamos a leitura talmúdica do citado livro e na segunda parte discutíamos material clínico nosso.

Foi um estudo meticuloso e eu reputo essa experiência didática e clínica como muito rica.

Encontrei na obra de Tustin fundamentos importantes para meu estudo. Em 1984 descreveu as formas autistas e os objetos autistas. Definiu as primeiras assim: "As formas autistas são formas vagas de sensação e originam-se da sensação de substâncias corporais tais como fezes liquefeitas, urina, saliva, muco, o alimento na boca e até o vômito... seus equivalentes físicos são coisas como lama, areia, plástico, barro, água, tinta, etc.". Escreveu: "São formas sentidas que provêm do toque suave de superfícies provocando impressões sensoriais na superfície cutânea".

Quanto aos objetos autistas diz ela: "A dureza é um aspecto característico da maioria dos objetos autistas... Para a criança um objeto autista é primariamente uma sensação". Inclui entre os mesmos os dedos das mãos e dos pés, a língua, os dentes, as fezes endurecidas e outros como objetos autistas.

Considero ambos de imensa importância para a compreensão da patogênese dos sintomas dos transtornos do sujeito-corpo ou psicossomáticos, como apresentado adiante. As formas autistas são o fundamento da enurese noturna, da salivação excessiva, da sudorese excessiva, do lacrimejamento excessivo e outros. Os objetos autistas são os fundamentos da encoprese, do eczema epidérmico, do bruxismo, do toque contínuo do nariz ou da boca com o dedo, dos movimentos da língua tocando a mucosa bucal e os lábios, dos vários tics nervosos como roer as unhas, o aperto do celular pela mão, o enrolar os cabelos com os dedos, o balancear do corpo e das pernas e outros.

Como já dito, é oportuno assinalar que o feto não participa na produção desses sintomas com uma consciência cognitiva. São recursos inatos do organismo, de modo mais especifico do SNA. Embora Tustin não remetesse seus estudos ao período fetal, há menções ocasionais a esse período. Escreveu: "As formas primordiais parecem emanar de ritmos e respostas auto eróticas na raiz de nossa existência".

Ela propõe ser a etiologia do autismo psicogênico decorrente do apego do recém-nascido e do bebê aos objetos autistas e às formas autistas. A adesão a esses, segundo ela: "parece afetar a capacidade do indivíduo (pelo apego aos mesmos) para a empatia, e, portanto, para relações com as pessoas". Daí a denominação de barreira autista.

Para Tustin as experiências sensoriais tendem a manter o paciente autista em todas as idades em um estado não eu, excluída das relações com o mundo externo e interno. O objetivo do tratamento é procurar livrar o portador das fixações das barreiras autistas para a retomada dos processos de maturação psíquica e física.

Escreveu sobre si mesma: "o elemento decisivo para o estudo do autismo psicogênico foi meu perfil pessoal marcado por elementos autísticos". Sua formação psicanalítica foi invejável. Viveu na época de ouro da Sociedade Britânica de Psicanálise, além de ter sua vida pessoal marcada pela presença constante do marido, um cientista inovador na Física, balanceando suas especulações psicanalíticas.

De modo indubitável, o trabalho dessa pesquisadora dedicado ao autismo ao longo de sua vida (1972, 1980, 1984, 1990), constituiu os pilares para a proposição de Ogden (1989b) da posição autista-contígua.

Os objetos autistas e as formas autistas são anteriores ao objeto transicional de Winnicott (1951). Esse é produto da "experiência de ilusão" proporcionada pela mãe suficientemente boa, como Winnicott escreveu: "É sabido que os bebês, assim que nascem, tendem a usar o punho, e os polegares em estimulação da zona erógena bucal, para satisfação dessa zona... em seu uso da primeira possessão que seja 'não eu'... É claro, que algo mais é importante aqui, além da excitação e das satisfações oral, embora estas possam ser a base de todo o resto... A mãe permite que fique sujo e até mesmo malcheiroso, sabendo que, se lavá-lo, introduzirá uma ruptura de continuidade na experiência do bebê, ruptura que pode destruir o significado e o valor do objeto para ele".

Há uma similaridade na descrição do apego do recém-nascido e do bebê ao dedo e o pano, enfocados por Winnicott e Tustin. Winnicott descreveu-os como objeto transicional, o qual não abandona ou substitui. Parece personalizá-lo. Para Tustin, os objetos autistas são mais facilmente substituíveis pelo bebê.

Ambos os autores remetem o apego à busca de descarga da energia libidinal represada, via satisfação da zona erógena oral, começando pela boca. Como mencionei, estavam condicionados pela teoria inicial de Freud (1909) sobre os sintomas psiconeuróticos, como resultado da repressão do instinto sexual relacionado às zonas erógenas. Tustin também não remeteu seus estudos à sobrevivência e ao período fetal. Nesse ponto, é preciso mencionar os estudos de imagem do feto feitos por Piontelli (2005), apontando o uso dos dedos coçando os órgãos sexuais e as mucosas bucais são evidências concretas dos hábitos referidos por Winnicott e Tustin no útero.

De forma incompreensível a obra de Tustin é banalizada por médicos, psiquiatras, psicólogos e psicanalistas, com prejuízo evidente para a compreensão da patogênese e para a diferenciação entre psicopatologia e patologia autista. Ela descreve a estranha sintomatologia, que compõem essa patologia com exuberância, profundidade, clareza e delicadeza. Ilustra suas contribuições com inúmeros casos clínicos seus e de supervisões ministradas para colegas na Inglaterra e outros países. Também tive dificuldades pessoais para adentrar ao estudo das suas contribuições, mas ao conseguir fazê-lo, substanciei substancialmente meus estudos como havia acontecido em relação ao estresse e acredito ampliei o espectro terapêutico alcançado por Winnicott e Ogden por dois motivos. Primeiro, porque estendi seu estudo ao período fetal e segundo por relacioná-lo às respostas biológicas do corpo para a sobrevivência e ao apaziguamento da angústia de morte de natureza filogenética.

Wilheim

Wilheim (2004), psicanalista brasileira, enfatiza o registro do trauma precoce. Diz ela: "Todas as experiências biológicas ocorridas com o ser, desde a formação de cada uma das células básicas componentes - espermatozoide e óvulo - até o momento do nascimento, ficam inscritas em uma matriz básica por meio de uma memória celular, proporcionando a matéria prima para a produção das fantasias inconscientes. Assim, de fato, as fantasias são de fato memórias: correspondem às representações dos *imprints* de nossas impressões sensoriais iniciais, que ficam armazenadas como matéria-prima para a produção de pensamentos nos quais mais tarde irão se transformar, quando um aparelho mental suficientemente desenvolvido estará disponível".

Vertente neurobiológica

Como citado, Freud permaneceu até o fim de sua vida alertando para a importância das descobertas da biologia que poderiam invalidar partes de sua obra ou enriquecê-la. Essa advertência permaneceu no limbo da psicanálise, sendo pouco considerada pela maioria de seus seguidores.

Hoje os psicanalistas não fazem distinção entre a psicopatologia relacionada às entidades clínicas derivadas da existência de um ego e a patologia autista derivada do evento traumático precoce e as respostas filogenéticas, como venho descrevendo e propondo.

Não há preocupação com o diagnóstico clínico dos pacientes. Esses não passam por esse crivo, como se não houvesse diferenças marcantes na etiologia e na sintomatologia entre as neuroses de defesa e a neurose traumática, presentes desde o aparecimento do homem sobre a terra. Passam desconhecidas, não valorizadas como entidade clínica com uma etiologia, patogenia e adequação da técnica psicanalítica clássica. Seu portador é caracterizado por uma insuficiência cognitiva e biológica. Como resultado dessa insuficiência há abandono da análise pelo analisando após algum tempo de análise ou, no outro oposto, torna-se apegado à pessoa do psicanalista devido a essa mesma insuficiência para deliberações da sua vida cotidiana.

Winnicott (1962) afirmou ser o soma anterior a psique, afirmação defendida neste livro. Entre seus elementos, destaco respostas filogenéticas voltadas para a sobrevivência em situações adversas de vida detalhadas adiante. A essas vêm se somar, após a maturação suficiente do SNC, os elementos da psicanálise oriundos dos conflitos entre id, ego, superego e o meio ambiente determinantes das neuroses de defesa.

Winnicott (1975) escreveu: "da forma como nós, os observadores o vemos, o corpo é essencial para a psique, que depende do funcionamento cerebral, e surge como uma organização da elaboração imaginativa do funcionamento cerebral". De fato, não podemos pensar em uma mente sem um substrato anatômico, no caso o sistema nervoso composto pelo SNA e o SNC. Esses são importantes sujeitos do corpo para regulá-lo e presidir seu funcionamento.

Os estudos sobre a anatomia e a fisiologia do cérebro seguem acelerados. Abrangem todas as áreas da neurobiologia, da neurofisiologia e da neuroquímica, estudadas por especialistas de centros internacionais com publicação em série de artigos importantes para o entendimento do comportamento do homem. Embora não seja um especialista, tenho acompanhado essas publicações e progresso dentro de minhas limitações.

Esses estudos mostram ser o sistema nervoso composto por bilhões de neurônios, formando conexões com muitos outros neurônios para criar uma rede cerebral. Esses se comunicam uns com outros por meio de sinapses, via mensagens elétricas ou químicas. Ao longo do tempo, os circuitos cerebrais e as redes de neurônios levam à conexão das várias partes do cérebro. Esses circuitos formam sistemas neurais com funções definidas. Importante considerar que as alterações nas conexões dos circuitos cerebrais podem ocorrer a qualquer momento da vida, como resultado de experiências traumáticas, originando sintomatologia orgânica e cognitiva.

O primeiro sistema a se formar seguindo a linha determinada pela embriogênese é o sistema límbico ou o cérebro reptilíneo para designar sua proximidade com o cérebro animal. Do ponto de vista funcional é o regente das emoções, do medo, do instinto de sobrevivência, do afeto, da motivação, das respostas ao estresse, das respostas do sistema imunitário e do aprendizado pela memória implícita ou procedural ou de longo prazo, das respostas biológicas voltadas para a sobrevivência - respostas de congelamento, de fuga ou de luta diante das adversidades da vida e do apaziguamento.

As amígdalas cerebrais, sede das memórias implícitas, órgão do sistema límbico, é responsável pela regulação das mesmas. São órgãos programados filogeneticamente para responder de forma reflexa ao medo e a ameaça potencial de morte. Sua atividade é independente da consciência. Os neurônios da região límbica são geneticamente programados para conectar uns com os outros e as primeiras estruturas do córtex cerebral.

Esse sistema foi fundamentado mais tarde pela história da evolução do homem pelo SNC, dotando-o da cognição. Esta inclui o pensamento, a memória, o raciocínio, o julgamento e a percepção com elaboração do seu mundo externo e interno e outras funções descritas a seguir. Permite organizar de forma consciente os fatos e acontecimentos autobiográficos. Também é fundamental para recuperar informações vitais codificadas no passado. Interage com a pituitária na regulação do SNA e do sistema neuroendócrino por meio da liberação de hormônios e neurotransmissores, regulando impulsos primitivos e funções como fome, excitação sexual, pressão arterial, batimentos cardíacos e o ciclo dormir-acordar. Desempenham um papel chave na modulação da atenção, do cuidado e na integração da informação cognitiva e emocional.

Kandel (2003) demonstrou ser o registro incipiente das experiências sensoriais parte de nossa filogênese. As amígdalas cerebrais tornam-se um ego biológico, pré-histórico, pré-simbólico e ano-objetal. Não há um sujeito interpretante devido à ausência de maturação das estruturas corticais do SNC e, talvez, possa ter relação com o ego corporal de Freud (1923). Em tudo tem semelhança com a vida animal. Segundo ele, essa memória se organiza e se enriquece como decorrência do exercício contínuo para tentar resguardar nossa sobrevivência. Sua orientação é mais voltada para a preservação da espécie do que para sua propagação.

Outro progresso foram as recentes descobertas da função dos sonhos pela neurociência, corroborando as afirmações de Freud relativas à importância de elementos da experiência do dia anterior, denominados de restos diurnos (Sidarta, 2003). O autor sugere que os sonhos desempenham um papel essencial na consolidação das memórias relacionadas aos procedimentos para manter a sobrevivência. Auxiliam a levar aquelas, recentemente adquiridas (os resíduos diurnos), a serem transformadas em memórias implícitas. Ele tem estudado o comportamento cognitivo dos animais e do homem em testes laboratoriais, submetendo-os à experimentação e comprovação dos resultados, conferindo a esses estudos, o status de ciências exatas.

Queiroz (2003) demonstrou acontecer um trabalho minucioso de catalogação pela memória, com sede na amígdala cerebral, de experiências sensoriais vividas relacionadas aos procedimentos instintivos ou inerentes ao SNA. O funcionamento dessa memória tem semelhança com o funcionamento do inconsciente postulado por Freud (1909), conforme também afirmou Kandel (2003).

De fato, o homem parece ser dotado de um sistema de escaneamento sensório em atividade vinte e quatro horas por dia, a exemplo de um sistema antivírus de um computador, desde sua vida embrionária. Esse sistema o prepara para os movimentos de luta, de fuga ou congelamento diante do predador.

A neuroquímica tem desenvolvido e influenciado no tratamento das entidades psiquiátricas como os estados de depressão, de ansiedade, de psicoses e de outros transtornos mentais (Bear et al., 2017).

Destaco:

a - O cortisol liberado pelas glândulas suprarrenais durante a resposta ao estresse aumenta a frequência cardíaca e a pressão arterial, resultando em excitação e ansiedade;

b - a dopamina associada à atenção, motivação, ligação e prazer;

c - a serotonina afeta o humor, o controle de impulso e a sobrevivência, e também desempenha um papel fundamental na depressão, agressão e ansiedade;

d - os inibidores seletivos da recaptação da serotonina (ISRS), antidepressivos, aumentam o fluxo de serotonina;

e - a noradrenalina regula a excitação, a atenção e a motivação e torna os sentidos mais alertas sob estresse;

f - a epinefrina (adrenalina) nos prepara para o perigo ou ameaça, concentrando a atenção, afiando os sentidos e aumentando o medo;

g - os neuropeptídios ou endorfinas reduzem a dor e aumenta o prazer;

h - a oxitocina promove as ligações amorosas entre mãe e filho, homem e mulher e outras;

i - a vasopressina desempenha um papel na ligação e no apego, bem como inibindo o medo e reduzindo os hormônios do estresse.

Segundo minha experiência clínica as vítimas de abuso físico e sexual, sequestros, maus tratos crônicos, torturas e outros estressores apresentam taxas mais altas dessas substâncias e de câncer, doença cardíaca, bronquite, diabetes, acidente vascular cerebral e distúrbios gastrointestinais em comparação com outros não traumatizados.

Podemos afirmar que na etapa fetal da vida do ser humano, só existe o sujeito-corpo, com o SNA regendo as condições vitais do feto como a respiração, os batimentos cardíacos, a busca da homeostase e outras a ser detalhadas adiante.

A neurogenética e a neurobiologia vem nos surpreendendo com os progressos no conhecimento da anatomia e funcionamento cerebral. Contudo, até o momento, não tem respostas concretas para indagações feitas a si mesma. É um campo em aberto e, talvez, no futuro venha a revelar o(s) marcador(es) biológico(s) para as entidades clínicas objetos de meus estudos.

Elementos do corpo

A formação do corpo data dos vários inícios do homem. Seus sistemas biológicos seguem uma ordem de aparecimento, começando com a formação do tubo digestivo, seguido do sistema nervoso, já no primeiro mês da vida fetal. Ganha evidência nesse processo de desenvolvimento biológico do feto, as amígdalas cerebrais, uma em cada hemisfério cerebral, após o vigésimo dia. Contudo, os fetos podem ser portadores de doenças hereditárias, congênitas e de traumatismo, os quais podem alterar o desenvolvimento neurológico e psíquico normal.

A ocorrência de transtornos fetais pode ser identificada por exames de neuroimagem, observações diretas de recém-nascidos e outros meios diagnósticos. Outro dado importante é a observação clínica da persistência dessas anormalidades ao longo da vida até a idade senil. Winnicott (1988) escreveu: "transtornos na vida fetal podem acompanhá-lo ao longo da vida". A esperança do recém-nascido é encontrar um meio ambiente favorável após o parto, para propiciar a retomada do desenvolvimento biológico comprometido por traumas precoces. Se não houver "uma mãe suficientemente boa" (Winnicott, 1962) que o cuide, esse transtorno pode ser agravado e se tornar irreversível.

Hereditariedade

A hereditariedade é definida como a transmissão dos caracteres físicos e, talvez, psicológicos de uma pessoa aos seus descendentes por via genética. Winnicott (1988), no capítulo sobre o corpo e sua saúde sobre a psique escreveu: "As considerações sobre a hereditariedade não deixam muito espaço para confusões. Presume-se ser toda a hereditariedade se dê ao nível físico, mesmo quando a consequência é psicológica (por exemplo, a tendência para a depressão ou para um temperamento histérico transmitido a uma criança por seus pais) ... A herança de traços de personalidade e de tendências para algum tipo de distúrbio psiquiátrico pertence ao soma, recebendo assim a psicoterapia alguns de seus limites, dados pelo herdado. Esses limites têm relativamente pouca importância no tratamento de distúrbios neuróticos, mais importância nos casos de psicose, e sua importância é maior na psicanálise de pacientes adultos, ou seja, daqueles que estão (por definição) mais próximos de ser aquilo que permitiria o equipamento com o qual vieram ao mundo. Não se deve esquecer certas tendências herdadas para a doença se manifestam clinicamente mais tarde, apesar de herdadas, tais tendências não são congênitas". Como pediatra, Winnicott estava embasado pela sua experiência clínica, conhecimento do corpo e do soma da criança, para assim se expressar e fazer diferenciação das doenças hereditárias das doenças constitucionais ou adquiridas durante a gestação.

Cabe citar aqui o caso de David Reimer, citado por Bear et al. (2017, pág. 605) ao relatar uma circuncisão, quando sofreu um acidente com o eletrocautério e queimou todo seu pênis. Como tratamento foi levado a fazer, por recomendação médica, uma retirada completa do pênis e troca de sexo com recomposição hormonal. Criado como menina, casou-se, mas nunca adotou um papel feminino, vindo a suicidar aos 38 anos de idade.

Situação idêntica é magistralmente retratada no filme *A garota dinamarquesa*, cujo nome deveria ser *Em busca de uma identidade*. O personagem busca a cirurgia para a troca de sexo, não se sentindo identificado como homem e vem a falecer da mesma em uma época na qual essas cirurgias estavam iniciando.

As pesquisas genéticas em número cada vez mais crescente pode nos surpreender com o achado de um marcador biológico para as doenças mentais, como sucedeu com algumas doenças orgânicas, constituindo um divisor de águas na vida do homem. Parece-me estarmos distantes dessa realidade ou ficção, mas embora não tenhamos atingido esse ponto, nosso acervo de conhecimentos sobre a natureza humana aumentou e demonstra ser o gene um elemento importante do sujeito-corpo para ajudar o homem a se personalizar. Ele auxilia na diferenciação entre os seres humanos.

Filogênese: o homem e o animal

A filogênese retrata a história evolucionária das espécies. O homem atual carrega dentro de si, herdado dos seus longínquos antepassados, muito da vida animal. Estudos mostram quando o homem é ameaçado de agressão ou de morte por terceiros, tem como primeiras respostas, aquelas oriundas da evolução animal. Responde olho por olho, dente por dente, foge ou desfalece em busca da sobrevivência.

Em geral, o homem como o animal vive carregando um medo de aniquilamento de forma imperceptível, sendo esse seu maior medo - o aniquilamento biológico ou morte e pelo lado o psicológico o medo da loucura. Muitos vivem dessa maneira suas relações interpessoais adversas sem elaboração parcial ou total por parte das funções egoicas. Apenas reagem. Essas respostas biológicas geram, paradoxalmente, tanto no animal como no homem, relacionamentos sofridos, marcados por violência, submissão ou insuficiência. O homem só se modifica mediante um meio externo sintonizado, geralmente exercido pela mãe, contínuo e sustentável, daí a importância do *setting* exigido para bons resultados com a psicoterapia psicanalítica. Suas relações interpessoais tendem a ser fluidas, como assinalou Bauman (2003) em seu estudo sociológico das mesmas. De fato, é como assistimos hoje acontecerem nas relações entre casais, pais e filhos, professores e alunos e outros relacionamentos. Em síntese, o homem mais reage do que elabora.

No tratamento psicoterápico psicanalítico deparamos continuamente com a resistência do analisando para admitir sua parte animal e seu comportamento semelhante ao mesmo, além de suas resistências mostradas por Freud para tomar conhecimento do conteúdo do seu acervo psíquico reprimido relacionado aos impulsos sexuais. Esse último acervo, conforme Freud (1914) em *Recordar, repetir e elaborar*, ao descrever as neuroses de defesa, tende a se manifestar pelos sonhos, atos falhos e sintomas psiconeuróticos, todas produções do ego.

Certamente, podemos afirmar que o feto não tem uma mente, uma cabeça para pensar. Há só o corpo funcionando como um sujeito, o sujeito-corpo.

A ocorrência de trauma durante seu processo de maturação muda sua evolução e se torna uma moeda de duas faces. Pode provocar a parada do desenvolvimento da vítima e ou ativar o mesmo, como podemos intuir na história da evolução do homem.

Em instrutivo artigo, Ribas (2006) fez uma revisão didática da evolução filogenética do sistema nervoso, o comportamento e a emergência da consciência dos seres vivos primitivos até ao homem atual, a meu ver útil para esclarecer mais a exposição precedente.

Menciono alguns trechos. Escreve o autor: "... esta revisão trata dos aspectos genéricos da evolução filogenética do sistema nervoso central, ressaltando em particular o desenvolvimento evolutivo das estruturas encefálicas relacionadas com o comportamento e com as funções cognitivas vieram caracterizar o ser humano". Mais adiante: "Ao propiciar uma visão progressiva das complexidades nervosa e comportamental ao longo da evolução, a análise filogenética também acarreta, a cada passo, questionamentos sobre a própria conceituação de termos como consciência e psiquismo ... Em relação ao processo evolutivo, é importante lembrar que este diz respeito a mudanças ocorridas por força de fatores principalmente ambientais... originamo-nos de elementos ancestrais hoje extintos, dando origem a diferentes espécies que, por sua vez, sofreram as suas próprias evoluções... as suas funções evidentemente foram se tornando mais complexas, surgindo células especializadas para cada função e desenvolvendo-se uma orquestrada coordenação entre o controle da vida de relação com o meio externo e o próprio controle da economia interna destes organismos. Nas esponjas, os receptores de superfície passaram a transformar os diferentes estímulos físicos e químicos em impulsos nervosos, como verdadeiros órgãos de sensibilidade, e os músculos e glândulas se desenvolveram como órgãos efetores... Ao contrário das esponjas, são seres vivos que não se movimentam, a hidra já se locomove. O seu corpo é constituído por uma camada externa (ectoderma) principalmente sensitiva, por uma camada interna (endoderma) responsável pelos processos de digestão e de eliminação de detritos alimentares e por uma fina camada intermediária (mesoderma). Em seguida apareceram os neurônios de associação, passando a fazer sinapse com outro neurônio de associação que, por sua vez, ao fazer sinapse com o neurônio motor do segmento vizinho, viabilizou o arco reflexo entre os mesmos... Sobre esta constituição básica e fundamentalmente segmentar do sistema nervoso dos primeiros vertebrados, as forças evolutivas desencadearam a continuidade do desenvolvimento nervoso em função dos eventos a que estes elementos e os seus descendentes vieram a ser submetidos. Entre esses eventos, destacam-se a incursão terrestre que esses seres marinhos vieram a efetuar e o ulterior desenvolvimento dos mamíferos, culminando com o surgimento dos primatas e do ser humano... Elementos marinhos ousaram sair do mar há aproximadamente 350 milhões de anos. Sair do oceano constituiu para esses elementos um desafio de enormes proporções, requerendo grandes mudanças necessárias principalmente para vencer o seu próprio peso, evitar a perda excessiva de líquidos e mudar a maneira de respirar, causando o desenvolvimento de novos modos de reprodução e de novas maneiras de perceber e de se relacionar com o mundo externo. Entre as várias mudanças desencadeadas pelas novas incursões terrestres, as forças evolutivas causaram no sistema nervoso o desenvolvimento progressivo dos lobos olfatórios, fazendo do olfato a primeira modalidade sensorial de percepção do mundo externo. Concomitantemente, os desenvolvimentos do complexo amigdaloide (amígdalas) e o hipocampo... As amígdalas se formam através da confluência de vários núcleos ao longo da filogênese. A primeira modalidade de memória adquirida pelos vertebrados mais primitivos foi a memória olfativa, permitindo a esses animais poderem assim identificar nutrientes, elementos venenosos, parceiros sexuais, presas e predadores... As amígdalas, por sua vez, se relacionam funcionalmente com a gênese das emoções (nos animais primitivos dizem respeito basicamente às reações do tipo de alerta, de fuga e vegetativas e visando fundamentalmente a sobrevivência e a manutenção da espécie) ... Por ocasião do ulterior desenvolvimento do neocortex, desenvolvem-se inter-relações principalmente entre as amígdalas e as porções mais anteriores dos hemisférios cerebrais... Os primeiros hominídeos já caminhavam eretos, tinham aproximadamente 1,40 m de altura, já viviam em grupos sociais e, muito provavelmente, eram cobertos de pelos como os chimpanzés modernos. Os primeiros membros do gênero Homo sapiens, dizem respeito ao homem moderno que evolutivamente data de 50 mil anos... com o crescimento mais pronunciado das chamadas áreas pré-frontais e a aquisição da linguagem, importante para o desenvolvimento da cultura humana, inclusive no sentido real de viabilizar a própria continuação da evolução humana, deixando de ser biológica e passou a ser cultural... Nesse sentido, é interessante destacar as expressões artísticas em forma de pinturas há cerca de 30.000 anos, enquanto a escrita teve os seus primórdios há aproximadamente 10.000 anos. As obras de arte mais primitivas são desenhos de bisões, cavalos, leões e renas, estando geralmente relacionadas com motivos de caças e parecendo ter o propósito de aplacar as forças da natureza da qual as comunidades dependiam. Representações de figuras meio homens, meio animais, por sua vez, sugerem a existência de mitos, e foram feitas em épocas quando enterravam os mortos com adornos... Posteriormente, os gregos desenvolveram muito a escrita através do alfabeto grego que, por sua vez, deu origem ao alfabeto latino. Como consequência direta, ainda na Grécia, a linguagem desencadeia o início do pensamento moderno. No século VI a. C., nasce a filosofia com Sócrates e Platão. Aristóteles (384-322 a. C.) estabelece a lógica como método de pensar... Apesar da concordância existente entre os diversos estudiosos a respeito das estruturas nervosas mais envolvidas com a gênese da consciência e com o destaque do papel do sistema tálamo-cortical, pouco se sabe e muito se especula sobre a intimidade dos processos viabilizando-a."

Embriogênese

O ser humano é produto da fecundação do óvulo pelo esperma, formando o ovo. Nesse ponto, tem início o processo da embriogênese, ditado pela filogênese. O ovo passa por várias fases: a mórula, a blástula e a gástrula. Cada uma dota-o de estruturas biológicas próprias do seu tempo cronológico. É um processo que se prolonga além dos nove meses de vida intrauterina. Seu desenvolvimento ocorre no espaço compreendido pelo útero e no espaço compreendido entre o recém-nascido e o ambiente externo. O sistema nervoso tem início após o vigésimo segundo dia após a fertilização do ovulo. É um processo fantástico do qual temos conhecimento incompleto da sua complexidade. Contudo, temos avançado nesse conhecimento por meio dos estudos da neurobiologia, da genética, da psicologia experimental, de exames laboratoriais, de imagem e outros meios propedêuticos sempre em evolução.

O ovo é como uma semente. Traz em seu âmago todos os caracteres que irão exibir ao fim do seu desenvolvimento como cor, perfume, tempo de vida e os recursos para sobreviver e se propagar. Contudo, pelas técnicas atuais a semente pode ser melhorada ou alterada para melhor adaptação às condições ambientais de temperatura e ação de parasitas. Pode ser guardada por tempo indeterminado e vir a germinar, quando plantada depois. Pode, ainda, depois de plantada, se as condições do tempo e do terreno são adversas, hibernarem por longo período. Quando vem a floração é única entre as demais. É um sujeito entre tantos outros.

O embrião humano como ser vivo, pode passar por todas essas vicissitudes, um capítulo importante da biologia atual. O mesmo sucede com os animais. Temos entendido muito da formação e do funcionamento do ser humano a partir das experiências com plantas e animais em laboratórios.

Desse modo, o ser humano além de vir previamente traçado pela filogênese, pode desde o nascimento desenvolver alterações biológicas e psíquicas desde o parto, algumas irreparáveis como distúrbios da cognição, motricidade e outros que vão acompanhá-lo por toda a vida, apesar de tratamentos especializados. Alguns podem se recuperar caso o meio ambiente - *holding* - for suficientemente bom.

Homeostase

Segundo o fisiologista norte-americano Cannon (1939), pai da fisiologia, nós nascemos com uma tendência filogenética para a regularização do organismo ou da célula para estabilizar a saúde e o funcionamento corporal, como atestam os médicos ganhadores do Prêmio Nobel de Medicina e Fisiologia de 2017, Jeffrey C. Hall, Michael Rosbash e Michael W. Young, por suas descobertas sobre o ritmo circadiano, o relógio biológico interno dos seres vivos.

A homeostase ajusta o funcionamento corporal de seus diversos componentes em condições normais ou adversas de sobrevivência, cada ser do seu jeito. Dispara processos fisiológicos específicos para manter o continuar existindo. Entre esses se encontra o controle da temperatura, do pH, da pressão arterial, da frequência cardíaca e a diminuição do consumo de oxigênio pelas células para exercerem suas funções vitais, sob o comando inato e reflexo do SNA. Em qualquer idade cronológica do ser humano, da fetal à senil, um evento traumático com sensação de descontinuidade do ser desfecha a autorregulação pela homeostase. Esse estado deixa o ser em condições de suspensão animada de vida. Nele, fica aguardando um meio ambiente favorável para retomar seu desenvolvimento e voltar à vida habitual no seu tempo.

Blackstone et al. (2005) desenvolveram estudos e experiências para prolongar a vida de órgãos humanos usados em transplantes com pacientes à distância baseado em estudos da homeostase. Atestam mediante experimentos: "que o sulfeto de hidrogênio, um produto químico produzido naturalmente por nossos corpos, bloqueia o uso do oxigênio pelas células e desencadeia a animação suspensa em ratos. Pode ser um regulador natural que poderia ser empregado para induzir um estado de suspensão protetora em seres humanos". Continuam: "A mudança para a animação suspensa parece ser um mecanismo proposital. As primeiras formas de vida unicelulares começaram a evoluir há cerca de quatro bilhões de anos atrás, numa atmosfera quase desprovida de oxigênio, mas muito provavelmente cheia de moléculas contendo enxofre, como o sulfeto de hidrogênio (H_2S). Esses organismos primordiais vieram a gerar seu próprio suprimento de energia, usando-o da mesma forma como na vida moderna usa oxigênio. Ainda hoje o H_2S é produzido naturalmente por nossos corpos...". Prosseguem: "que talvez a suspensão animada seja o mecanismo pelo qual se processa a mecanismo de hibernação de animais e plantas em condições adversas de vida. É uma resposta biológica, inata, reflexa e filogenética oriunda do início da vida na terra". Os autores ao imergirem em solução de H_2S órgãos humanos para transplante, conseguiram aumentar a utilização da vida do coração, do pulmão, dos rins e outros órgãos humanos por horas importantes para servirem aos propósitos de transplantes de órgãos humanos em pacientes à distância, tudo devido ao mecanismo da homeostase.

Chega-se a vaticinar a preparação de solução a base de H_2S sob a forma de ampolas para ser utilizada em injeções em soldados seriamente feridos em batalha para aumentar o tempo em socorrê-los.

Outros cientistas estão testando uma técnica inédita de suspensão de animação em seres humanos, como a pessoa fique no limiar entre a vida e a morte durante algumas horas para atendimento médico. As informações são do site New Scientist. A técnica será testada no UPMC Presbyterian Hospital, de Pittsburg. Consiste na drenagem completa do sangue de um ser humano, sendo substituído por uma solução salina em uma baixa temperatura durante um curto período, no qual ela é levada primeiramente ao coração e ao cérebro e então o para todo o corpo. Esse líquido causa uma pausa na atividade celular, assim como faz a hipotermia. Teoricamente, como as células resfriadas precisam de menos oxigênio, seria possível manter alguém vivo por mais tempo do que na temperatura de 37°C. Entretanto, ainda é preciso encontrar os pacientes perfeitos para que os médicos do hospital possam testar a nova técnica. O caso seria semelhante ao de alguém com parada cardíaca devido a um ferimento, como o causado por um tiro de arma de fogo. Durante a operação, cerca de duas horas, o paciente estaria clinicamente morto. Mas, quando a cirurgia terminar e o sangue voltar ao corpo da pessoa, ela pode voltar à vida, mesmo com auxílio de uma reanimação. Essa técnica foi aplicada de forma bem-sucedida em 2012 em porcos, retornando do procedimento sem efeitos prejudiciais.

Esses estudos permitem-nos concluir que muitos organismos são capazes de retardar seus processos de vida por meio de mudanças na homeostase e entrar em suspensão animada, conferindo proteção contra condições ambientais que normalmente os matariam, como prolongada privação de oxigênio, por exemplo, em soterramentos por gelo ou terra. Tais observações (Blackstone et al., 2005) são relatadas com seres humanos e substanciam minhas teses expostas anteriormente da suspensão da vida do homem. Esse estado tem proximidade com o estado da inércia vegetativa ou da hibernação. Talvez tenha relação com o Princípio do Nirvana, descrito por Freud (1920).

Relógios biológicos

Bear et al. (2017, pág. 681) relatam ser o sono regulado por um relógio biológico, promovendo a alternância sono-vigília em obediência aos ciclos circadianos ou situações de ciclos de escuridão-claridade, os comportamentos sazonais como acasalamento dos cervos no outono, a hibernação das tâmias (um roedor das Américas) e o instinto que conduz o retorno das andorinhas migratórias à missão de San Juan Capistrano na Califórnia, a cada dia 19 de Março do ano, fenômeno registrado há 200 anos com ocorrência de falha somente em 2 anos.

É um funcionamento autônomo do corpo de importância vital na nossa economia de vida.

Apoptose

Pesquisas têm se mostrado importantes para manter vivos os órgãos. Evans (1994) descreveu o fenômeno da apoptose como um suicídio celular programado, essencial para os órgãos se manterem saudáveis.

A morte celular programada é um mecanismo filogenético essencial para a manutenção do desenvolvimento dos seres vivos, sendo importante para eliminar células supérfluas ou defeituosas. A célula sofre alterações morfológicas, incluindo alterações como retração, perda de aderência com a matriz extracelular e células vizinhas, condensação da cromatina, fragmentação internucleossômica do DNA e formação dos corpos apoptóticos.

Evans (1994) sugere ser esse fenômeno filogenético, além de desempenhar um papel importante no controle de diversos processos vitais, está associado a inúmeras doenças, como o câncer. A compreensão dos mecanismos apoptóticos permitiu o desenvolvimento de novas estratégias no tratamento do mesmo. Tais estratégias são embasadas na indução da morte nas células tumorais e em uma maior resposta aos tratamentos com radiação e agentes citotóxicos.

Mais recentemente, prêmio Nobel de Medicina de 2016, Ohsumi (2016) descobriu o processo da autofagia celular por meio da autodigestão dos próprios componentes, considerando-o crucial para a renovação celular em todos os órgãos humanos. Os estudos desse autor culminaram com a descoberta de um marcador biológico, uma proteína para esse processo acontecer.

Podemos reunir a apoptose e autofagia como mais duas respostas biológicas filogenéticas voltadas para manter a vida não detalhadas neste livro, mas precisam ser contabilizadas para comprovar que o corpo não morre sem resistir.

Amígdalas cerebrais

Localizadas no hipocampo, embora tenham tamanho de um bago de feijão cada uma, são os órgãos que processam as emoções humanas e sede da memória implícita, cujo estudo é parte importante deste livro.

Enfatizo: "Os distintos tipos de memória: memória de trabalho localizada no córtex cerebral, memória procedural localizada nas amígdalas cerebrais, a memória declarativa localizada nos lobos temporais e o fato de que essa memória afete as demais sugere que múltiplos sistemas são usados no encéfalo para o armazenamento da memória... Há até mesmo a esperança de que um dia haja tratamento capaz de reduzir significativamente as consequências deletérias das memórias traumáticas. Neste capítulo, focalizamos questões acerca e onde as memórias são armazenadas e como interagem as diferentes estruturas encefálicas. Todavia, qual a base fisiológica para o armazenamento da memória? Quando tentamos recordar um número de telefone, uma interrupção pode nos fazer esquecer, sugerindo que as memórias são inicialmente mantidas de forma particularmente frágil. A memória de longo prazo é muito mais robusta; ela pode sobreviver a interrupções, anestesia e aos golpes e traumas normais da vida" (Bear et al., cap. 24, 2017).

As amígdalas cerebrais são órgãos centrais do corpo na relação corpo-mente, como vem sendo mostrado ao longo deste livro e de cujo estudo neurobiológico muito necessitamos para o tratamento das entidades autistas citadas e frequentes em nossa prática clínica.

Consciência

Os mesmos autores assim se referem à consciência: "A consciência é um tema de grande interesse e discussão, mas é escorregadio quando tentamos o agarrar... Os achados experimentais nos encorajam a dar pequenos passos que poderão nos levar a um pouco mais pertos de uma compreensão da consciência, pelo menos em um sentido limitado... Em um esforço de ficarmos com ideias concretas... vimos áreas encefálicas nas quais a atividade muda de modo que se correlaciona à percepção consciente... Dito isso, são abundantes os desafios com relação à interpretação dos estudos da consciência. A conexão entre atenção e consciência é importante e controversa. Por muitos anos essas palavras foram tomadas como quase sinônimas. A implicação é que a atenção é ou pode ser independente da percepção consciente. Há também estudos relatando a situação inversa, que a percepção consciente pode ocorrer sem a atenção, embora tal conclusão seja ainda debatida... A conexão entre atenção, percepção e consciência é importante e controversa." (Bear et al., 2017, pág.749).

Nós, psicanalistas, temos considerado consciência diverso de inconsciente. Contudo, como apontam os autores, é um capítulo ainda desconhecido e devemos aguardar por novos desenvolvimentos para incluí-lo em definitivo em nossas cogitações psicanalíticas.

Linguagem

Segundo Bear et. al. (2017, pág. 717): "A linguagem foi um dos passos mais importantes na evolução humana... A comunicação entre as pessoas é um aspecto tão fundamental do ser humano que é difícil imaginar a vida sem a linguagem. As estimativas atuais são de que a capacidade humana para a linguagem evoluiu há relativamente pouco tempo, há cerca de 100 mil anos... Os primeiros estudos focaram a atenção à área de Broca, próxima ao córtex motor e a área de Wernicke, próxima ao córtex auditivo. Há muito a ser definido como a compreensão da base sonora das palavras, os significados das palavras, nomeações de objetos e outros... Há muito desconhecimento das afasias e dislexias" .

A linguagem permitiu ao homem primitivo ir se socializando, aproximando-o do atual homem moderno. É elemento importante na técnica psicanalítica de abordagem dos conflitos emocionais pela técnica da livre associação de ideias.

A memória e o aprendizado

Em Bear et al (2017, pág. 871) é apresentado um relato de Kandel a respeito do início de seus estudos sobre a memória implícita e o aprendizado. Nascido em Viena em 1929 e ganhador do Prêmio Nobel de Medicina de 2000 com seus estudos sobre ambos. Teve percurso curioso, pois não se via destinado às pesquisas científicas e sim aos estudos de história e literatura pela Universidade de Harvard, marcado pela sua nacionalidade austríaca e descendência judaica sofrida com a invasão da Áustria pela Alemanha em 1937 e a perseguição violenta ao judaísmo. Queria resgatar e entender a memória de tal época de sua vida. Já estava focado em estudos anteriores citados e agora queria aprofundar mais por meio da psicanálise. Para tanto, fez o curso de medicina, quando se deu conta que mesmo um psicanalista devesse saber alguma coisa sobre o encéfalo. Ainda durante o curso, isto é, após 1952, voltou-se para o estudo sobre as bases fisiológicas do comportamento em complementação ao estudo das bases históricas e psicológicas. A partir dessa data, dedicou-se ao estudo científico sobre as bases biológicas da formação e funcionamento da memória implícita, resultado do armazenamento do aprendizado filogenético de recursos para manter a vida, também denominada de memória de longo prazo e sua relação com o inconsciente freudiano, a ditar nosso comportamento.

Escreveu: "O encéfalo humano não é um computador com conexões fixas, ao contrário, está constantemente mudando como resultado da experiência. Usamos a memória de trabalho para manter temporariamente a informação, e os padrões de entradas sensoriais de algumas de nossas experiências são reunidas em engramas permanentes. Quando criança, você aprendeu um salto mortal, e a sequência de movimentos foi armazenada inconscientemente para ser usada repetidamente. Você aprendeu a estrutura do encéfalo e é capaz de impressionar tia *Tilly* fazendo um desenho para mostrar a localização do bulbo. Não podemos identificar memórias declarativas e não declarativas, mas pesquisas estão nos levando para perto desse conhecimento. Sabemos que o aprendizado e a memória envolvem amplas mudanças no encéfalo... A determinação precisa de qual estrutura encefálica contribui para o aprendizado e a memória continua a desafiar os pesquisadores. Vimos, neste capitulo, que a memória pode ser classificada com base em sua duração, o tipo de informação armazenada e a estrutura encefálica envolvidas".

Inquestionavelmente Kandel vem contribuindo para o estudo da relação corpo-mente ao propor o funcionamento da memória implícita. O vínculo entre a mesma e o inconsciente freudiano parece-me o mais pertinente e palpável entre a psicanálise e a neurociência. Considero um conhecimento fundamental para nossa prática clínica psiquiátrica e psicanalítica.

A validação da minha parte desse vínculo substanciou minha diferenciação da patologia autista relacionada à memória implícita da psicopatologia neurótica relacionada ao inconsciente freudiano.

Encéfalo

De novo, segundo Bear et al. (pág. 770): "O comportamento humano é o produto da atividade encefálica e o encéfalo é o produto de dois fatores interagindo: a hereditariedade e o ambiente. Obviamente, um fator determinante de sua individualidade é o seu DNA, a menos que você tenha um irmão gêmeo idêntico, é único. Isso significa ser seu encéfalo é diferente de todos os outros, assim como suas digitais. O segundo fator que faz seu encéfalo uma entidade única é a sua história de experiências pessoais. As experiências podem incluir traumas e doenças... A saúde e a doença são dois pontos situados em um continuo de funções corporais e o mesmo pode ser dito acerca da saúde mental e da doença mental... Enquanto todos têm características estranhas, um sujeito é considerado 'mentalmente doente' quando tem diagnóstico de um transtorno do pensamento, do humor ou do comportamento causando angústia ou prejuízo funcional. Uma herança infeliz de nossa ignorância acerca do encéfalo é a distinção entre saúde 'física' e 'mental'. As raízes filosóficas dessa distinção podem ser traçadas até a proposição de separação do corpo e da mente. Os primeiros tinham uma base orgânica e deviam ser preocupação dos médicos, por outro lado eram espirituais ou morais e deles ocupavam o clero e a religião. Essa dicotomia foi reforçada pelo fato da maioria dos transtornos do humor, do pensamento e do comportamento vinha até muito recentemente, resistindo às explicações e aos tratamentos de natureza biológica, consoante as abordagens psicossociais de Freud (1856-1939), Skinner (1904-1990) e outras. Segundo a Neurociência moderna todos os transtornos mentais, como os de ansiedade, do pânico, do humor, do estresse pós-traumático, agarofobia, de ansiedade generalizada, fobias especificas, fobia social, esquizofrenia têm uma base biológica".

Com relação ao autismo os citados autores escrevem: "O autismo é um transtorno do desenvolvimento em seres humanos, caracterizado por padrões repetitivos ou estereotipados de comportamento e prejuízo na comunicação e nas interações sociais. Embora as crianças afetadas pareçam normais ao nascimento os sintomas aparecem gradualmente ao longo dos três primeiros anos de vida... são problemas de fala, pouco contato de olhares, incapacidade para brincar com brinquedos, apego excessivo ao mesmo ou outro objeto, e ausência de risos... o TEA é um distúrbio herdado, porém sua genética é complexa".

Essas observações coincidem com as propostas por mim neste livro, isto é a existência de uma base biológica para algumas entidades clínicas e o pouco que a genética tem conseguido demonstrar de definitivo nesse campo.

Considerações finais sobre o trauma

A defesa utilizada pela vítima do trauma com vivência de morte e em busca de sua sobrevivência proposta por mim neste livro é de natureza filogenética. Consiste na regressão somática ao estado biológico regido pelas leis da homeostase, tais como a absorção e o consumo mínimo de oxigênio pela célula para o exercício de suas funções vitais com reutilização do H_2S existente em nosso organismo em estado latente para o mesmo fim, como era no início da vida na terra, quando o oxigênio existente era escasso.

O feto fica fixado no estado denominado por Blackstone et al. (2005) de suspensão animada, próprio da homeostase inicial, segundo o mencionado autor. Essa fixação gera o lastro para o desenvolvimento da predisposição necessária às entidades autistas se desenvolverem, cada uma do seu jeito, provavelmente tendo relação com a etapa da embriogênese do feto no momento do trauma.

Esse estado pode ter relação com o Princípio do Nirvana descrito por Freud (1920): "A tendência dominante da vida mental e, talvez, da vida nervosa em geral, é o esforço para reduzir, para manter constante ou para remover a tensão interna devida aos estímulos (o 'princípio do Nirvana', para tomar de empréstimo uma expressão de Barbara Low (1920,73)... ".

Aqui é válido usar a metáfora de Freud (1916) da regressão psíquica na formação dos sintomas neuróticos, para lustrar a regressão somática como uma defesa, ao compará-la com os exércitos em dificuldades para avançar, que recuam em busca dos pontos de abastecimento de nutrição deixados atrás de si e aí poder passar o tempo necessário para retomar a marcha.

As observações de recém-nascidos mostram características idiossincráticas ditadas pela ocorrência de anomalias genéticas e traumas físicos, bioquímicos, infecciosos e outros, durante a gravidez ou durante o parto ou o pós-parto imediato.

São sintomas presentes em todas patologias autistas citadas e na clínica atual são bastante frequentes o relato de traumas precoces narrados pelo analisando, por meio de sonhos desse ou de terceiros, mais a mãe.

A retirada autista ou regressão somática mencionada é um recurso paradoxal. Essa retirada autista explica porque eles são lentos, sem vida, sós, vazios, sem corpo, sem calor, sem cheiro e sem desejo. Subjugam-se à sonolência, à apatia, à fadiga e ao imobilismo. Demoram para falar, caminhar ou se sustentar em pé. Já maiores, expressam a vontade de ficar só, quase todo o tempo deitados, mas sem conseguirem dormir. Aterrorizam-se ante o medo de se desfazer, levando-os a manterem ativados seus sistemas de alarme existentes em suas estruturas neurais, relacionados ao risco da sobrevivência, como um sistema antivírus para o computador (Sidarta, 2003). Esse medo é associado a momentos de sensação de morte iminente, gerando estado de aflição, de taquicardia e de sudorese. Tornam-se vulneráveis aos estímulos sensoriais, sejam eles, térmicos, olfativos, visuais, gustativos, táteis e visuais. Em extremo oposto, podem desenvolver hiperatividade, comportamentos exageradamente viscerais e violentos e se ameaçados 'viram bichos' tamanha a agressividade e a selvageria. Em ambos os casos, se não forem cuidados, o empenho para sobreviver leva-os ao estado de estresse acompanhado de fadiga. A imunidade biológica cai e torna-se presa fácil para infecções e doenças autoimunes. São estados mal-entendidos na clínica atual. São estados mal-entendidos na clínica atual. Esses sintomas estão presentes em todas patologias autistas citadas, havendo prioridade ora de um, ora de outro.

A retirada autista ou regressão somática mencionada são recursos paradoxais, porque ao regredir o ser vivo fica mais exposto ao agente agressor. Essa é uma consequência frequente e costuma ser dramática. Como o estresse gera um estado de fadiga ou exaustão, se a regressão é prolongada, além da produção dos sintomas próprios dessa, seu portador vai se tornando incapaz para o exercício de suas atividades pessoais, familiares, sociais e profissionais. Torna-se alvo de críticas e mal de entendimentos – são julgados inúteis, simuladores, sem boa vontade e outros, que o estigmatizam e passam a ser introjetados, passando a fazer parte de sua realidade interna. Juntam-se às críticas externas, tornando maior seu sofrimento e o peso a carregar. Desenvolve um estado de exaustão que denomino de apagão. Assemelha-se a um quadro depressivo grave, sendo tratado como tal por meio de antidepressivos sem resultado terapêutico apreciável. Aqui não há lágrimas e nem tristeza. Esses pacientes lutam incessantemente para voltar a vida, saírem de seu estado de suspensão animada ou de hibernação. Não obtendo êxito, optam pelo suicídio. Não tenho dúvidas que esse paciente, em qualquer idade, está mais ligado a desistência para continuar tentando existir. Esse é um capítulo de excepcional importância para a prática clínica e merece ser mais entendido pelos terapeutas, psiquiatras, analistas e médicos.

Além da defesa da regressão autista, existe outro recurso filogenético descrito por Tustin (1990) com a finalidade de atenuar a angústia de morte que esse paciente carrega, independentemente da idade. Consiste na geração de experiências sensoriais produzidas por elementos do próprio corpo por meio de seus elementos macios ou duros como saliva, lágrimas, urina, língua, fezes, dedos e outros em contato com suas superfícies sensoriais, mais a pele e as mucosas do corpo. Segundo Piontelli (1997), essa resposta pode ser detectada no feto por imagens radiológicas mostrando o feto coçando seus órgãos genitais, lábios ou orelhas.

Os psicanalistas, infelizmente, apartaram-se da biologia e têm voltado sua atenção para os cuidados maternos, guiados pelos estudos de Brazelton et al. (1992) e anteriormente por Winnicott (1962) ao escrever sobre "a mãe suficientemente boa".

Diante dessas constatações, sigo Kandel (2003), Fontes (2002) e Andrade (2004) ao defenderem a necessidade de aproximar a psicanálise da biologia. Essa posição defendida pelos autores citados, não teve a repercussão na clínica psicanalítica, como eles advogam ser necessário. Os psicanalistas continuam voltados para Freud, os estudos sobre a intersubjetividade nas relações intra e interpessoais e no desenvolvimento do psiquismo baseado na relação mãe-bebê. Esses conhecimentos norteiam de forma indiscriminada o tratamento, tanto de portadores de neuroses de defesa como traumáticas. Observa-se, ainda, uma inclinação crescente para o entendimento de fenômenos existenciais, políticos e sociais. Aponto a advertência mencionada por Freud (1926), quando escreveu: "Após dez anos de labor psicanalítico, continuamos exatamente no escuro quanto a esse problema, como estávamos no início" e ele continuou até sua morte em 1938 a destacar a importância da biologia para auxiliar nas teorias psicanalíticas e até mesmo vir a demonstrar a necessidade de revê-las.

Nos anos recentes, constituiu-se a Associação Internacional de Neuropsicanálise composta por psicanalistas e neurocientistas, sediada em Londres, tendo por objetivo associar a psicanálise e a neurobiologia, conseguindo resultados apreciáveis nesse campo. Por outro lado, o extremismo de psiquiatras, geneticistas e neurobiólogos, aprofundam estudos exclusivamente orgânicos sem admitirem contribuições outras que não os critérios qualificados para validação de teses e hipóteses próprios dos ramos dessas disciplinas médicas.

Há exageros com formulação de técnicas retiradas do conhecimento da neurobiologia para tratamentos de rápida duração e sem levar em conta as nuances psicológicas da relação médico-paciente. Podem tornar-se tentadoras, pois sabemos ser os pacientes citados como portadores de patologia autista de difícil manejo clínico, demandarem tratamento psicoterápico psicanalítico associado ao psicofarmacológico com respostas lentas e longo tempo de duração. Lembram as tentativas de autores na linha psicológica ao propor a prática da psicoterapia breve.

Realmente, impressiona certos radicalismos. Por exemplo, no momento há uma corrente de neurobiologia (Lindenfelf, 2014) com a seguinte formulação: "É minha crença pessoal de que embora o TEPT seja provocado por trauma, é realmente uma doença de memória... o problema não é o trauma; é que o trauma não pode ser esquecido! Os traumas experimentados por nossos veteranos de combate, primeiros respondedores e vítimas civis permanecem trancados no circuito neural de seus cérebros. Esta é a razão pela qual eu gostaria de convidar aqueles de vocês nas profissões de cura que estão dispostos a desafiar crenças *status quo* sobre a permanência do PTSD para se juntar a mim em uma emocionante nova aventura em um mundo de oportunidades transformadoras. Para fazer isso, você precisará estar disposto a transformar quase tudo o que você chegou a acreditar em sua cabeça. Por exemplo, está bem estabelecido que uma 'relação terapêutica' é necessária para criar um ambiente de 'confiança' entre o paciente e o terapeuta. Através de minhas ticas e outras do pensamento terapêutico. Como é que vamos estabelecer confiança com outros que têm sido repetidamente dito que não há remédio que pode alterar total e completamente os efeitos do trauma em suas vidas? Para superar esta desinformação prejudicial, aconselho meus pacientes a permanecer céticos até que eles pessoalmente experimentem o surgimento de esperança, alegria e otimismo dentro de si através de um tratamento que eu chamo terapia RE-

SET (Reconsolidação Enhancement através da estimulação de desencadeantes emocionais). Quando este momento especial ocorre, é realmente uma emoção de se ver. Como um terapeuta, você pessoalmente experimentar a 'luz ligando' no que era anteriormente a concha de um ser humano. Onde antes havia um vazio, agora se torna uma presença. É aqui que a centelha da vida e da confiança se inflama espontaneamente! A partir deste ponto, a confiança instantaneamente acende em cada célula do corpo do seu paciente. Este é também o instante em que você vem para perceber o seu verdadeiro potencial como um agente de mudança transformadora. Este é o momento em que a terapia começa e este é o lugar onde você chama no conhecimento terapêutico que você foi treinado com anteriormente. Com o 'circuito de medo' reiniciado, insight torna-se possível, enquanto, foi bloqueado antes. O mesmo vale para a capacidade de seu paciente articular completa e completamente os eventos traumáticos dolorosos sem infectá-lo com o 'veneno' que emana daqueles que foram traumatizados. A propósito, eu acredito que a exposição contínua do terapeuta a este veneno conduz finalmente ao burnout e à traumatização secundária no curandeiro sobre o tempo. Este é também o momento em que a educação sobre a condição se torna possível como as paredes protetoras que cercam o indivíduo dissolver e abertura e curiosidade substituir as barreiras defensivas. Por exemplo, este é o tempo que você pode instruir seu paciente a respirar com auxílio do diafragma, a fim de trazer mais oxigênio para o cérebro, melhorando ainda mais o sinal 'tudo está bem'. É aqui que sua explicação dos circuitos do cérebro se apodera. É aqui que a aprendizagem verdadeira pode começar a acontecer. Agora eu entendo que não é fácil para você deixar ir os métodos que foram ensinados por seus instrutores anteriores, mentores, etc.

No entanto, devo dizer-lhe com certeza que é absolutamente necessário deixar novas ideias em se você se tornar um catalisador para mudanças positivas e criativas em nossos Veteranos de Combate, Primeiros Respondedores e vidas de vítimas civis. À medida que sua própria experiência se alarga você se juntará às fileiras daqueles que se transformam em agentes transformadores que oferecem esperança ao invés de desespero. É meu plano para fornecer-lhe uma nova fundação baseada em avanços neurocientíficos para substituir teorias antiquadas que podem ser substanciadas não mais. Quando você adquiriu uma nova visão sobre a liberação de nossos veteranos de combate e outros da miséria de TEPT, você estará pronto para implementar o que você adquiriu através do treinamento especializado hands on que precisa seguir. Além disso, você desenvolverá compreensão e habilidades que lhe permitirão atingir uma ampla gama de alvos... Espero ter ativado o 'interruptor de curiosidade' em seu circuito cortical. Se assim for, leia mais e junte-se àqueles que estão prontos para dar um salto quântico para aplicações terapêuticas do novo século". Vê-se aqui a busca de um tratamento de curta duração para tenta encaixar o paciente no método.

O citado autor não considera a importância dos fenômenos da transferência e da contratransferência no tratamento dos pacientes em qualquer especialidade médica, assim como a constância do *setting*, do *holding* e dos fenômenos da subjetividade e da empatia. Desconhece, também, a importância da memória implícita, assim como das respostas biológicas ao trauma com noção de morte. Nesse contexto, Andrade (2003) acrescenta: "... bem como das evidências neurobiológicas que a autorizam a assegurar que seu método (da psicanálise) é capaz de restaurar falhas básicas de desenvolvimento".

A própria psiquiatria radicalizou seus estudos em torno da bioquímica, da anatomia e da fisiologia do funcionamento do cérebro sem valorizar o elemento afetivo presente na relação psiquiatra-paciente, assim como a importância da intersubjetividade no tratamento. Desta forma, o biológico e o mental, um corpo para uma mente, vem sendo considerado dois universos distintos sem pontos de união. Esse extremismo acarreta prejuízo para o desenvolvimento de práticas terapêuticas exitosas. Esse não é um acontecimento único do nosso campo de estudo e de trabalho. Ocorre em outros setores do saber humano. Está presente nas religiões, nos regimes políticos, nos esportes, na escolha de perfumes ou bebidas, na música, na literatura, enfim, no universo humano, onde a presença de uma preferência exclui a existência de outra. A humanidade perde, porque certamente o conhecimento do todo, só ocorre em intervalos de tempo enormes e em locais diferentes, como atesta a história das descobertas. Basta ver a biografia dos grandes inventores e a cronologia das grandes invenções.

Outro dado histórico importante para realçar essa ênfase, aconteceu com a psiquiatria. Foi a última especialidade a fazer parte do corpo da medicina. Desde tempos remotos os pacientes psiquiátricos eram tratados em hospitais especiais célebres na história, porque aí se colocavam loucos separados dos pacientes da clínica e da cirurgia, como é habitual ainda hoje. Na Salpêtrière na França, durante séculos foram utilizados tratamentos agressivos para doentes mentais, os quais eram marginalizados até pelos próprios médicos. Em meio ao desencontro entre psiquiatras, geneticistas e outros profissionais da área, como psicólogos clínicos e experimentais, pelo menos entre os psicanalistas houve uma concordância. Por exemplo, as psicoses não orgânicas foram relacionadas às falhas no desenvolvimento precoce do ego. Segundo eles, o desenvolvimento psíquico saudável depende da existência de boas relações objetais desde o início da vida psíquica pós-parto, as quais são propiciadas por um objeto bom, em geral, a mãe do bebê.

Talvez seja mais sensato substituir falhas no desenvolvimento fetal por traumas agravados, quando há falhas ambientais após o nascimento. Forma a predisposição para os estados psicóticos (Salim, 2005b). Freud (1938) enfatizou a importância dessas falhas iniciais, embora não estivesse se referindo às psicoses especificamente e nem ao trauma, como citado neste trabalho. Assim transtornos prematuros tem efeitos patogênicos diferentes e mais graves do que quando ocorre em época posterior, seguindo a observação clínica de que quanto mais precoce o dano mais grave é a doença. Ogden (1989b) contribuiu com esse conhecimento quando escreveu: "Conservei a palavra autista para designar a mais primitiva organização psicológica... a palavra contígua é particularmente adequada favorecendo a nomeação dessa organização, uma vez que a experiência de haver superfícies que se tocam... provê a antítese necessária à conotação de isolamento e desconexão contida na palavra autística". Ele acredita na existência de uma matriz psíquica com produção mental característica desse período do desenvolvimento, que vai da idade fetal até logo após o nascimento, corroborando as afirmações de Tustin (1972) a respeito. Julgo procedente estender à etiologia das psicoses todos esses estudos enumerados com ênfase especial para a ocorrência do trauma com noção de descontinuidade da vida nos períodos iniciais da existência humana.

Minha experiência clínica me convenceu da existência da patologia autista, reunindo as entidades clínicas citadas e sua relação com o conceito do trauma e do estresse, segundo o DSM-IV (1994). Foi um amadurecimento lento. Começou com o postulado do feto tendo desenvolvimento biológico ditado de forma substancial pela filogênese, isto é, tendo respostas biológicas filogenéticas voltadas para a sobrevivência, havendo uma interação entre a vida intrauterina e a extrauterina (ontogênese) e vice-versa. Na ausência de cuidados externos (*holding*) o corpo se torna "uma mãe suficientemente boa" (Winnicott, 1960) ou segundo Tustin (1972): "há uma procura pelo próprio corpo".

Em 1975, quando exercia o cargo de Professor Adjunto de Psiquiatria, como Chefe do Departamento de Psiquiatria e Neurologia da FMUFMG, participei durante anos como membro do Colegiado do Curso de Medicina, órgão encarregado das revisões do currículo da formação médica. Tentei sensibilizar os professores colegas, alguns de destaque internacional em suas cátedras com o intuito de aumentar a carga horária de psiquiatria no currículo e a inclusão da disciplina de Medicina Psicossomática. Tínhamos apenas 60 horas destinadas ao ensino da psiquiatria de um total de 5200 horas para todo o curso médico. Para tanto, com auxílio de colegas membros do departamento, organizei um levantamento da incidência de doença mental em 80 pacientes internados no Hospital das Clínicas da UFMG por doenças de causas orgânicas, escolhidos de modo aleatório, recebendo ou não tratamento psiquiátrico associado. Esse estudo revelou que 49 possuíam transtorno mental grave, 24 apresentavam transtorno mental significativo e 7 não apresentavam transtorno psiquiátrico. Dos 73 pacientes com transtornos mentais, somente 14 recebiam tratamento psiquiátrico medicamentoso, embora o estado emocional de todos fosse precário (Salim et al., 1975). Apresentei esse levantamento aos membros da Comissão Curricular e, ainda assim, somente consegui criar a disciplina optativa de Medicina Psicossomática para 24 alunos por semestre. Considero essa minha melhor experiência docente durante meus 30 anos de carreira acadêmica. Os alunos atendiam os pacientes sozinhos para psicoterapia, selecionados entre os internados nas várias enfermarias do Hospital das Clínicas e encaminhados por seus médicos assistentes. As sessões aconteciam 2 vezes por semana, duravam 50 minutos e eram seguidas de supervisão coletiva de uma hora para grupo de seis alunos. Éramos dois professores. Houve grande procura pela disciplina. Pouco após me aposentar em 1993, a mesma foi extinta. O curso de graduação continuou com pouco mais de 100 horas de carga didática para psiquiatria, como é hoje.

Esse relato confirma o fato de colegas da mesma e de outras especialidades médicas não negarem a importância da psiquiatria e da psicanálise, mas esse entendimento não é incorporado ao seu trabalho clinico diário e continuam estudando e pesquisando somente em suas áreas. São muitas as razões para essas resistências e aqui não cabe discuti-las agora. No entanto, não podemos, como transmissores da psicanálise, deixar de entendê-las.

Antes pouco do que nada. Espero ter acrescentado um pouco de luz com meus estudos, apontando para um sujeito-corpo com organização e funcionamento capaz de interferir em nosso comportamento de forma autônoma, independente da razão e do inconsciente proposto por Freud.

O SUJEITO-CORPO-MENTE

Winnicott (1962) afirmou: "A base da psique é o soma e, em termos de evolução, o soma foi o primeiro a chegar. A psique começa como uma elaboração imaginativa das funções somáticas, tendo como sua tarefa mais importante a interligação das experiências passadas com as potencialidades, a consciência do momento presente, as expectativas para o futuro... A psique não tem, obviamente, existência alguma fora do cérebro e do funcionamento cerebral". Isto é, relacionou o processo do desenvolvimento psíquico às experiências sensoriais fetais que vão personalizar o bebê, ao serem somadas às relações interpessoais com o ambiente, mais a mãe.

Na etapa fetal não se pode falar em ego e, portanto, é impróprio falar em transtornos psicopatológicos oriundos dessa época. Os mesmos devem ser designados transtornos autistas.

A soma do sujeito-corpo com o ego origina o sujeito-corpo-mente.

Cada recém-nascido tem características próprias relacionadas às vicissitudes da sua embriogênese.

Talvez essas postulações têm referência com o ego corporal citado por Freud (1923): "O ego é, primeiro e acima de tudo, um ego corporal; não é simplesmente uma entidade de superfície". Em nota de rodapé (tradução inglesa de 1927, na qual foi descrita como tendo sido autorizada por Freud), ele teria acrescentado: "Isto é, o ego deriva em última análise das sensações corporais, principalmente das que se originam da superfície do corpo. Ele pode ser assim encarado como uma projeção mental da superfície do corpo, além de, como vimos acima, representar as superfícies do aparelho mental". Ele está admitindo a existência de um órgão primitivo determinando o comportamento involuntário e as emoções, as amígdalas cerebrais.

Contudo, não levou adiante esse estudo. Na época, não especificou o aparecimento do ego a partir do desenvolvimento do SNA e das experiências sensoriais armazenadas nas amígdalas cerebrais, como cito nesse livro.

A embriologia nos mostra como o sistema nervoso desenvolve a partir do ectoderma, a membrana mais superficial do corpo do embrião.

A minha ênfase recai sobre a importância das experiências sensoriais geradas pelo próprio feto, como descrito por Tustin (1990), para dar a esse, quando vítima de um trauma com noção de morte, a sensação de continuar existindo.

Apenas como conjuntura teórica sem dados empíricos para comprovar ou negar, considero a gênese de uma entidade clínica autista relacionada ao momento do trauma durante a embriogênese.

Há, no final, uma interdependência entre o corpo e a mente, interferindo um com o outro e vice-versa, como dois sujeitos ativos para formação de um terceiro, aqui definido sujeito-corpo-mente.

O sujeito-corpo-mente origina-se de forma autônoma

dos registros contidos na memória implícita e do inconsciente freudiano e em parte ditada pelo ego com sede no córtex cerebral e suas funções cognitivas. Tem particularidades idiossincráticas e individualizadas. Seus componentes interatuam e determinam nosso comportamento.

Assim, o exame detalhado, conduz-nos a conclusão que a repressão da libido não é a fonte única do sintoma mental ou psicossomático. Não considero válida a afirmação de alguns autores psicanalíticos de que a libido pode migrar para os órgãos corporais constituindo os fenômenos psicossomáticos. Muitos sintomas são apenas concomitantes fisiológicos.

No meu entendimento, é infrutífera a insistência de alguns psicanalistas em querer obter uma técnica para levar o analisando expressar em palavras, sintomas e ações oriundos de traumas fetais e falhas precoces na relação mãe-bebê, porque esses sintomas e ações não são representações simbólicas de material reprimido. São apenas respostas filogenéticas em busca do continuar existindo. Além de estéreis do ponto de vista de melhora dos sintomas, podem acarretar análises iatrogênicas ou intermináveis. Devido sua insuficiência para a vida, há tendência de o analisando desenvolver intensa dependência do seu psicanalista.

O SUJEITO-CORPO-MENTE-AMBIENTE

O ser total acontece quando o sujeito-corpo-mente passa a interagir com o ambiente. Forma-se o sujeito-corpo-mente-ambiente.

Winnicott (1960b) ao descrever sua teoria sobre o falso *self* e o verdadeiro *self*, menciona: "O protesto contra ser forçado a uma falsa existência pode ser discernido desde os estágios iniciais. O quadro clínico é o de irritabilidade generalizada e de distúrbios da alimentação e outras funções podendo, contudo, desaparecer clinicamente, mas apenas para aparecer de forma severa em estágio posterior". Isto é, o recém-nascido é um sujeito-corpo, com uma identidade idiossincrática a ser diferenciada, evoluindo para o sujeito-corpo-mente e finalmente para o sujeito-corpo-mente-ambiente.

Pode trazer consigo uma predisposição para o desenvolvimento de uma personalidade autista. Repetindo, daí pode ocorrer uma patologia autista se não ocorrer o cuidado materno denominado por Winnicott (1963) de *holding*. Considero o *holding* fundamental para a maturação do incipiente ego caso tenha ocorrido o trauma com a retomada da maturação do psiquismo e das estruturas neurais (Andrade, 2003).

Em trabalho anterior, Winnicott (1949) havia feito várias observações clínicas, destacando a importância do trauma do nascimento para nossa vida psíquica. Escreveu: "A criança cujo padrão é o de fragmentação da continuidade do Ser tem uma tarefa de desenvolvimento que fica, desde o início, sobrecarregada no sentido da psicopatologia. Assim, pode haver um fator muito precoce (datando dos primeiros dias ou horas de vida - meu) na etiologia da inquietação e falta de atenção (posteriormente designada como incapacidade de se concentrar)." Como, também mencionado, ele não se dedicou ao estudo da existência fetal e trauma em sua longa obra, embora haja referências esporádicas à essa relação.

Na ontogênese do ser humano o desenvolvimento do SNC acrescenta as funções cognitivas do ego.

Freud (1923) escreveu: "Se quisermos encontrar uma analogia anatômica para ele (ego), poderemos identificá-lo melhor com o 'homúnculo cortical' dos anatomistas, que fica de cabeça para baixo no córtex, estira os calcanhares, tem o rosto virado para trás e, como sabemos, possui uma área da fala no lado esquerdo".

Esse desenvolvimento capacita o recém-nascido para diferenciar o eu do não eu, ele da mãe. Essa pareça surgir de forma mais nítida entre os dois ou três primeiros meses de vida pós-parto, segundo observações de bebês e as teorias de Klein (1957) sobre a posição esquizoparanoide e a posição depressiva. Contudo, há indicações do feto respondendo às falas da mãe.

Freud (1900) escreveu que a ontogênese repete a filogênese, isto é, a ontogênese se processa em obediência à filogênese em sucessivos capítulos da evolução biológica e psíquica do homem. Ambas passam por vicissitudes do meio ambiente, favorecendo ou dificultando seus desenvolvimentos, ou seja, podem ocorrer eventos favoráveis ou traumáticos, tanto para a filogênese como para a ontogênese, para o corpo e para a mente.

A aquisição dos lobos frontoparietais começou a ocorrer há 50.000 anos. No início era só sujeito-corpo. Com o advento da mente, corpo e mente passaram a se influenciar mutuamente. Formou-se o sujeito-corpo-mente. No estado de regressão somática, a primeira reação é do sujeito-corpo, como a palidez da pele em caso de medo ou hiperemia em caso de constrangimento e só depois respostas conscientes.

CASOS CLÍNICOS

Vou ilustrar minhas conjecturas teóricas e clínicas com casos clínicos meus, alguns com longos anos de análise, desde quando meu referencial teórico clínico era o clássico da psicanálise, até eu desenvolver as noções aqui expostas. Foi uma passagem lenta e gradativa. Contudo, muitos dos seus princípios são úteis e novos progressos não invalidam o que foi consagrado pela experiência.

De fato, a proposição da existência de pacientes com personalidade autista e patologia autista é resultado dos meus estudos, pesquisas e aplicação clínica e está baseada na conjectura de que o trauma precoce dispara respostas filogenéticas para sobreviver e se tranquilizar do medo da morte. Considero, meus novos conhecimentos, um progresso na teoria e no exercício da psicanálise. Não consigo trabalhar mais desconhecendo o fenômeno da retirada autista e da produção autogerada de experiências sensoriais sediadas na memória implícita.

Como dito, esses pacientes apresentam sintomas envolvendo um elemento macio e duro (Tustin, 1990) agindo de forma incontrolável pelo paciente sobre uma mucosa do corpo, geralmente mais a pele. Os mais fáceis de compreender e aceitar são os sintomas da enurese, da sudorese, do eritema, do eczema e da salivação intensa entre outros, por vezes muito atípicos. Podemos remeter todos esses sintomas a um estado de ansiedade decorrente de um medo subjetivo de morte.

A enurese noturna é frequente na clínica e é objeto de extensa pesquisa na pediatria, na psiquiatria e na psicanálise. É uma manifestação considerada psicossomática, de etiologia desconhecida e de tratamento inespecífico. Traz para a criança e seus cuidadores incômodos e embaraços que, invariavelmente, conduzem às dificuldades no relacionamento familiar e social. Constitui um transtorno fisiológico com sequelas psíquicas graves. Costuma ser interpretada como representante simbólico de uma excitação erótica reprimida ou de ódio reprimido voltado para a mãe ou substituto, impedidos de serem verbalizados.

A sudorese intensa também é ligada a um elemento líquido, no caso, o suor. Normalmente é atribuída à ansiedade edípica (ansiedade de castração). Acontece em situações diversas, como viagens de avião, entrevista para admissão em emprego, exposição em público e outras.

O eritema é uma resposta quase imediata nos estados de constrangimento, assim como seu oposto, a palidez nos estados de medo.

A salivação, embora menos frequente, costuma passar despercebida, embora muito incômoda para o portador, podendo produzir alterações na dentição e na mucosa bucal.

Os eczemas obrigam os portadores a se coçarem continuamente, muitas vezes com ferimentos na pele.

Como dito, esses e outros sintomas estão presentes em todos esses pacientes com prevalência de uns sobre outros, associados a diminuição da atenção, memória, raciocínio, percepção e outros sintomas cognitivos.

Caso clínico I - Anorexia nervosa

L procurou-me mais recentemente. Está com quarenta e dois anos, tem um companheiro com quem vive e do qual tem um filho com vinte anos. Cor clara, estatura mediana, muito emagrecida, atitudes e traços físicos delicados, dando-lhe aparência bonita. Veio à consulta acompanhada do companheiro, porque não dava conta de vir sozinha. Não teve dificuldades para falar comigo, parecendo me sentiu acolhedor e confiável. Relatou-me que desde jovem tem fraqueza física, emagrecimento, falta de apetite, tristeza, episódios de pânico, incapacidade para desenvolver seu trabalho de cabeleireira e cuidar da casa, bruxismo acentuado e episódios de dermatite no corpo com coceira intensa. Passa os dias acamada e isolada de familiares e amigos. O companheiro e o filho trabalham durante o dia, período quando fica sozinha em casa, sem dar conta de fazer refeições completas para ela e para eles. Submeteu-se a constantes tratamentos com clínicos de várias especialidades com esperança de ficar boa, contudo, sem obter melhoras. Ao contrário, observa estar só está piorando. Fez uso de antidepressivos e ansiolíticos sem resposta clínica. Meu primeiro diagnóstico foi de anorexia nervosa, devido estar muito emagrecida e com dificuldades para alimentar. Tudo é dosado e escolhido e em pequena quantidade.

Destaca como pior sintoma os episódios de pânico, quando tem a sensação de morte. Esses estão mais frequentes e intensos e tem pavor deles, mesmo porque está quase sempre sozinha. Destaca, ainda, uma dermatite, obrigando-a a estar se coçando e bruxismo com prejuízos para sua mastigação e dentes.

Não sabe a causa de sua doença, mas acrescenta ser sua vida difícil desde criança.

Digo-lhe estar entendendo seu sofrimento e acredito ser o mesmo resultado do somatório de adversidades vividas.

Conta-me, então, que com quatorze anos foi vítima de estupro por um rapaz das vizinhanças de sua casa materna, levando-a para outro estado e a colocou em quarto fechado por mais de quinze dias, quase sem comida, onde vivia apavorada com seu retorno à tarde. Conseguiu escapar com ajuda de uma mulher vizinha, ajudo-a a voltar para a casa materna.

Foi acolhida pela mãe com raiva porque não havia dado queixa à polícia. O caso passou sem ocorrência policial e ela não se encontrou mais com o agressor. O relato foi feito com choro e intensa emoção.

Lamentei o sucedido com ela, mas acrescentei poder escrever outra história de vida com minha ajuda. Receitei um ansiolítico para os episódios de pânico e para tomar a noite para poder dormir e marcamos novo horário na semana seguinte. A paciente só podia fazer uma sessão por semana, devido à situação precária pessoal e material.

Voltou acompanhada do marido pela sua precariedade física. Relatou ter passado a semana com melhora de alguns sintomas. Dormiu melhor e estava confiante na minha ajuda. Temia que eu não fosse querer continuar com ela em tratamento por mais tempo devido sua situação financeira e se preocupou em me assegurar que um dia me pagaria.

Senti-a mais animada.

Com lágrimas nos olhos, começou a relatar a infância difícil, com falta de alimento em casa e a necessidade, como irmã mais velha, de ajudar a mãe com os irmãos, porque seu pai só andava atrás de outras mulheres e a ofendia e sua mãe com palavras e ameaças físicas. Contou-me que um dia, quando tinha nove anos, tentou estuprá-la. Considera esse o pior dia de sua vida. Foi levada para a casa da avó e o pai se afastou dela e da mãe por imposição de pessoas próximas e da polícia. Hoje tem poucas notícias dele. Sabe que vive embriagado pelas ruas em profunda miséria e é assim que quer vê-lo. Mesmo passados tantos anos, não esquece a cena ou a mesma volta-lhe espontaneamente sob a forma de *flashbacks* ou em sonhos repetitivos.

Esse relato me foi feito de forma doída e chorosa. Disse-lhe reconhecer a dificuldade para lembrar-se desse fato e dentro do possível sua melhora dependeria de sua determinação para lembrar e falar sobre sua relação com o pai.

Para minha surpresa, ela veio para a terceira sessão sozinha, de ônibus.

Disse não ter sido fácil. Seu companheiro alegou não poder mais deixar o trabalho para trazê-la. Relatou estar se sentindo melhor, mas ainda muito fraca. Iniciou o relato de seu conhecimento com seu companheiro e vive com o mesmo desde vinte anos de idade, quando o conheceu.

Já estamos na décima quarta sessão e vou reunir e sintetizar seus relatos. Em quase todas as sessões menciona ser ele bom para ela, mas não volta atrás para pedir desculpas. Hoje fica com ele, porque sabe que o mesmo gosta dela e ela tem agradecimento por ter a ajudado, por ser o pai de seu filho e por imposição da sua mãe, impedindo-a de deixá-lo por conveniências materiais. Há dez anos, não aguentando mais a convivência, deixou-o por três meses para tentar a vida em outro país, mas não aguentou as adversidades e voltou para ele, sendo bem recebida por ele. Ainda assim, sua intolerância pela pessoa dele só vem aumentando e há tempos não mantêm contato sexual, embora durmam na mesma cama. Agora está ficando pior porque não tolera o cheiro do seu corpo e de suas roupas. Não se incomodaria se ele se envolvesse com outras mulheres e explicita isso para ele. Por seu lado, não tem anseios por outros homens, mesmo porque acha que sem amor não deve haver sexo, embora sua mãe insinue para ela ser o sexo benéfico para ela. Essa lhe diz ser seu estado decorrente de sua privação sexual, com o que não concorda com a mãe. Mesmo com o filho não consegue ter uma ligação mais afetiva, porque acha-o parecido com o pai.

Mais recentemente, relatou profunda mágoa do marido por dois episódios, que ela não desculpa e nem ele lhe pede desculpas, não voltando atrás para se redimir. Diz havia outra moça que saía com ele quando o conheceu e ele lhe pediu uma definição se ela queria ficar com ele ou não. Optou a conviver com ele e a aceitá-lo para relações sexuais. Certa noite, antes de se deitarem, ela lhe pediu um dinheiro para uma necessidade sua. Ele lhe respondeu, dizendo comportar como uma prostituta e essa resposta foi uma ferida profunda para ela e não consegue lhe perdoar. Outro episódio marcante ocorreu, quando uma sobrinha dele de pouca idade ficou sob seus cuidados e próximo à hora de lhe dar um lanche, a mãe apareceu e a levou para casa. Para se distrair, saiu de casa e foi ao encontro do marido em seu trabalho e esse lhe indagou sobre os cuidados com a sobrinha. Após lhe relatar o sucedido, ouviu dele a afirmação de que ela devia morrer porque não forçou sua sobrinha a comer. Foi uma segunda ferida, pela qual ele não lhe pede desculpa, apesar de pedi-lo para fazer.

Muito recentemente, ocorreu um fato difícil de lidar no consultório. A paciente chega tendo ânsia de vomitar. Remete a um pequeno lanche feito em lanchonete próxima ao consultório. Realmente, foi ao banheiro e por lá ficou um bom tempo. Ao voltar, dizia-se tonta e não conseguia pensar direito. Estava muito enfraquecida. Liguei para seu marido, mas não consegui falar com o mesmo. Chamei um taxi e ela foi levada para casa e, posteriormente, para um hospital onde ficou internada até tarde da noite.

Na sessão seguinte, voltou sozinha dizendo-se melhor, mais animada e realmente mais cuidada. Entendi ter passado mal no consultório, talvez por ter me sentido como o marido. Eu não estava errado. Referiu-se a um fato repetitivo em sua vida. Nunca desanimou no sentido de desenvolver um trabalho ou fazer um curso, mas sempre chegava a um ponto e desistia. Não dava conta de prosseguir. Este fato era-lhe apontado pelo marido em tom depreciativo. Ela temia a repetição do mesmo comigo.

Na outra sessão, chega alegando muita dificuldade para vir ao consultório. Pergunta-me se não havia um local, onde pudesse atendê-la, sem ela precisar tomar ônibus. Em silêncio, suspeitei de algo ocorrendo em nossa relação, tornando sua vinda ao meu encontro mais difícil, como havia antes entendido seus vômitos em sessão anterior. Nada comentei e ela sempre falante, começou a relatar episódios de sua vida, desde criança, nos quais suspeitava estar sendo seguida por um homem.

Dei-me conta de que estava diante de uma pessoa que tinha uma vivência psicótica, impedindo-a de ter uma vida mais plena, porque logo suas relações eram contaminadas por essa vivência e ela as interrompia. Isso estava acontecendo comigo ali e eu poderia perdê-la se não a mostrasse estar me sentindo como potencialmente perigoso para ela. Pensei mais, que ela já havia sentenciado seu marido pelas falas agressivas com ela e ela não conseguia afasta-lo do seu cotidiano pela sua insuficiência material e psíquica.

Mostrei para ela a possibilidade de isto estar acontecendo agora entre nós e ela compreendeu minha fala e a internalizou, concordando. Terminei a sessão como de costume e ela me agradeceu mais uma vez.

Passados dois anos de tratamento, conseguiu se afastar do marido e tem um trabalho que lhe rende um salário razoável para seu sustento, auxiliada pelo filho e irmãos. Está mais fortalecida física e psiquicamente, sem os sintomas do início do tratamento.

Comentários

L ilustra como a vítima de um ou mais eventos traumáticos vai se deteriorando aos poucos, consumida por uma vivência psicótica, de difícil apreensão, tanto física como psiquicamente, desenvolvendo insuficiência para a vida afetiva, social e profissional. Buscou o retraimento autista para sobreviver e desenvolveu um quadro de anorexia nervosa, cujo resultado é um paradoxo, porque cada vez se aproxima mais da morte. Essa paciente requer acolhimento, paciência e concessões por parte do analista, além de acreditar ser melhor conhecer-se do que manter escondida de si. E dos outros, a loucura que traz dentro de si.

Essa paciente tende, devido sua insuficiência para a vida, desenvolver uma dependência em relação a mim. Passei a ser sentido por ela como vital para sua sobrevivência.

Espero que pare de utilizar, como vem fazendo, o último recurso restante para sobreviver e se apaziguar: apelar para o próprio corpo como uma segunda mãe vivificante, isto é, manter no mínimo sua massa corporal e a homeostase e os atos de coçar e do bruxismo.

Ainda não houve oportunidade para avaliar como foi sua gestação pela mãe, o parto e seus primeiros dias de vida e de bebê. Quase nunca se refere aos sonhos. Esses poderiam ajudar a entender algo do estado primitivo de sua mente.

Caso clínico II - Anorexia nervosa

C tem 32 anos, cor clara, separada, traços fisionômicos bonitos. Apresenta anorexia nervosa, recebendo vários tratamentos anteriores. Tem considerável perda de massa corporal acompanhada de vazio, cansaço físico, sonolência diária, insônia ao deitar, desânimo, dificuldade de concentração e de memória, fobia social e retraimento pessoal em seu ambiente de trabalho e social.

Destacam-se na sua história pessoal o trauma da separação dos pais com três anos de idade, abuso sexual na infância por parte do padrasto, tentativa frustrada de se tornar bailarina profissional na adolescência e uma incapacidade para continuar casada.

No início do tratamento, houve dificuldade para acertarmos três sessões semanais devido à insuficiência de regularidade nas suas atividades pela fraqueza física. No trabalho sempre chegava atrasada ou faltava. Mostrou-se ansiosa para agendar os horários e a solução encontrada foi manter dois horários semanais, mais cedo do que o meu habitual.

Segue o relato da terceira sessão no fim de semana.

Antecedo-a e ela chega no horário combinado. Vestia uma saia preta e uma blusa vermelha e dava a impressão de estar com boa disposição. Ainda na sala de espera, pediu-me desculpas pelo horário mais cedo. Disse-lhe para não se preocupar comigo, estava tudo bem.

Entra e assenta. Observo seu corpo e seu rosto emagrecido, onde mora um olhar retraído, mas bem definido. Logo, perguntou-me o que estava achando da sua doença. Lembrei-me de sua chegada ao consultório no horário combinado, uma indicação positiva de que nossa relação estava fundamentada em uma expectativa de melhora por parte dela e dos seus relatos anteriores dos maus tratos com abuso sexual na infância, a carreira de bailarina e o insucesso conjugal, lembrança indicando não haver da minha parte uma desconexão de sua pessoa, um fato para valorizar em termos de prognóstico.

Disse-lhe, então, achar que poderia ajudá-la na sua doença, se continuássemos conectados e estabelecêssemos um estado de confiança recíproca para continuarmos com regularidade o tratamento, elemento importante para nos servir de sustentação.

A paciente me olhou tocada por minhas palavras e concordou. Disse-me da sua angústia maior ser a falta de sequência na sua vida e a perda do chão sentida várias vezes ao dia, obrigando-a a permanecer na cama ao despertar ou voltar a se deitar durante o dia.

Em seguida, perguntou se havia ligação entre sua anorexia e o abuso sexual ocorrido quando criança.

Respondi de forma afirmativa e pedi para me falar mais sobre ele. Falou-me, então, de modo mais pausado e descansado, da separação dos pais quando tinha quatro anos, do seu afeto pelo pai, dos abusos sexuais por parte do padrasto durante seis anos e das seguidas ameaças de sua mãe de expulsá-la de casa, quando tentava lhe narrar esses abusos. Foram anos de tormenta, tortura e condenação ao silêncio, que acreditava ser o motivo para sua menarca ocorrer só aos quinze anos, seus ciclos menstruais serem espaçados, alternados com períodos de amenorreia e o início dos sintomas da anorexia.

Sem a interromper, prosseguiu contando seu demasiado apego aos estudos e à dança, primeiro à clássica e depois à moderna. Fez o curso de direito e de filosofia pelo período de oito meses, sem consultar a si mesma pelas escolhas. Resolveu ir para o exterior em busca de um curso de especialização em movimentos corporais que não existia em sua cidade, programado para dois anos. Ficou, apenas, quatro meses, não tolerando a ausência da mãe e do ex-namorado, pessoas alimentadoras do seu interesse pelas letras e pela dança. Voltou à sua cidade natal, reatou com o ex-namorado e logo se casaram, separando poucos meses depois. Tornou-se professora de inglês. Ficou pouco tempo dando aulas, iniciando curso superior de administração para trabalhar na instituição de propriedade de seu pai. Ao formar, começou a exercer a atividade nessa instituição. Para tanto, submeteu-se a uma seleção que exigia do candidato curso superior, conhecimentos na área de mercado de trabalho, falando bem o inglês e tivesse um bom desempenho na entrevista pessoal.

Disse-lhe observar sua confiança em me contar esses fatos sem dificuldades e assim poderíamos ter o mesmo sucesso da sua vida profissional ao reunir seus estudos para chegar ao seu trabalho atual, bastando para tanto ter confiança em mim e de olhar para dentro de si.

A sessão estava perto do fim e pediu para falar de outra preocupação sua, naquele momento. Era com o ex-marido. Falou de o mesmo não estar bem e não sabia se o acolhia em casa ou negava-lhe sua companhia. Ainda gostavam m um do outro, mas não conseguiram viver juntos. Ele julgava insuportável seu ritual da anorexia, o fato dela querer sua casa mobiliada com os móveis doados pela mãe, e só aceitar relações sexuais fazendo uso de camisinha.

Disse-lhe que se podia ajudá-lo, porque não o fazer.

Pediu, ainda, para falar de forma rápida sobre sua anorexia. Cedo passou a alimentar-se com chocolate, ingerindo-o compulsivamente, medindo sempre as calorias para mais e obrigando-se à noite ou no dia seguinte a fazer vômitos ou beber água para eliminação dos excessos.

Essa última fala me remeteu à uma interpretação psicanalítica de um sintoma esquizoparanoide. Faltava-lhe confiança para acreditar no bem e no bom, e via-se obrigada a eliminar o alimento ingerido para preservar o que de bom havia dentro de si. Contudo, o outro lado meu, ficou ligado na forma rápida com os pedidos para falar. Entendi a pressa como uma preocupação de me dizer tudo até a próxima sessão, depois do fim de semana.

Perguntei-me porque entendi assim. Ocorreu-me, então, a lembrança dela como bailarina e da lenda da Bela Adormecida, condenada a viver dormindo por cem anos, vivendo dentro dos limites mínimos, desconectada do mundo dos vivos.

Disse-lhe:

Você se parece com a Bela Adormecida, cuja história você conhece. Você vive dentro dos limites de preservação e teme que eu possa esquecê-la no fim de semana. Mas da minha parte vamos continuar juntos.

De novo, me olhou, descansadamente e se despediu.

Comentários

C chegou na hora marcada. Nem antes e nem depois. Vive na linha do exato, do necessário, do limite, como faz com a comida. O horário cedo é, também, sintomático. Relacionei-o com sua insuficiência. Estaria mais refeita pelo sono para levar adiante as sessões. Eu também me sentia mais disposto pela manhã, tal como ela. Queria estar descansado para atendê-la.

Sua pergunta, de como via sua doença, encobria seu medo de eu não dar conta do nosso movimento para permanecermos juntos, como era habitual ela fazer com as pessoas. Estava preocupada com a possibilidade de não conseguirmos dar andamento à sua análise pela geração em nossa relação do terceiro sujeito analítico subjugador (o movimento para o afastamento), conforme Ogden (1989b). Certamente, seus médicos e terapeutas anteriores não tiveram essa percepção de si mesmos e da relação. Atuavam movidos pela angústia subjacente. Sentiam-se insuficientes para lidar com as inclinações voltadas para o desligamento e propunham outros tratamentos auxiliares, tornando-se pontos de referência, como acontecia, ainda hoje, com seu antidepressivo.

Esse entendimento me estimulou e isso foi transmitido à paciente pela minha interpretação desse medo. Precisávamos ficar unidos e constituir um chão para caminharmos num ritmo regular e previsível. Esse não podia ser nem muito frequente, nem muito espaçado, para haver sintonia com suas limitações, permitindo ser deixado com mais leveza e segurança sua capacidade para lidar com seus medos do isolamento.

Considerei importante valorizar os movimentos de retraimento da paciente, levando-a a se manter minimizada. Nem mais cedo, nem mais tarde; nem muito, nem pouco; nem distante, nem tão próximo; o bastante para estar inteira comigo, sem se sentir ameaçada de abusos de minha parte, como ocorrera na sua infância-adolescência.

Minha interpretação da transferência levou à paciente se sentir mais segura. Deu o primeiro passo, ao perguntar se havia relação entre suas dificuldades atuais com os fatos narrados sobre o que lhe ocorrera aos oito anos de idade.

Percebendo a importância de me manter conectado com ela, lhe pedi para contá-los outra vez. Na verdade, queríamos distância dos pormenores relacionados aos abusos sexuais ocorridos, provavelmente com muita frieza e crueldade por parte do padrasto e omissão da mãe. Era preciso admitir ser difícil para ela falar desses acontecimentos, mas juntos iríamos além. Prontificou a repetir, sem se mostrar surpresa ou incomodada. Esse foi um momento fundamental da sessão, porque pudemos descentralizar o analista e a paciente de pessoas que julgam tudo saber e tudo poder, para permitir a emergência das nossas limitações e a necessidade de estabelecermos uma assimetria horizontal para continuarmos (Assis, 1999). Não importava quem fosse contribuir com mais ou menos. Valia era estarmos dispostos a nos fortalecer.

Provavelmente, quando lhe mostrei meu desejo de ouvi-la, talvez, pelo tom de minha voz e meu olhar, já me sentiu diferente de sua mãe, ameaçando-a e a impedindo de falar daqueles fatos.

Encorajada, repetiu o relato desses. Sua fala e seu olhar não eram mais aflitos. Estava mais descansada. Repetindo-os, introduziu variações, porque não se conta a mesma história com os mesmos pontos e vírgulas. Falou da separação dos pais aos quatro anos, chegando até os fatos da sua história pessoal atual.

Entendi estar conectada comigo, do mesmo modo como havia feito com suas aquisições para entrar no trabalho atual. Mostrei-lhe isso.

A sessão estava próxima do final, mas pediu para falar da angústia do ex-marido e contar a história da sua anorexia. Falou de modo rápido. Num momento inicial, apeguei-me à compreensão da mesma entendida de forma habitual pelos psicanalistas, como psicopatologia esquizoparanoide.

Então, ficou claro sua preocupação com o fim de semana e uma possível incapacidade para não nos vermos mais. Veio-me à lembrança sua vida de bailarina e a história da Bela Adormecida, com seus desdobramentos de viver na borda da vida, dormindo durante cem anos, dentro dos limites mínimos. Como a personagem, a paciente passara a viver no limite de sua continuidade, o que a havia levado ao espaçamento das menstruações, à amenorreia, à frigidez e à anorexia, sintomas sempre associados. Pude, então, compreender ser seu medo eu me desconectar dela, naquele fim de semana.

Foi importante para a compreensão dos sinais e dos sintomas de C e dos arranjos, levando-a em busca do mundo dos vivos as danças modernas, vivas, eletrizantes e contagiantes, os vários cursos interrompidos e o ex-marido lhe prometendo um mundo de artes. É uma história segmentada, organizada dialeticamente entre o sono e a vida, entre a insuficiência e a ansiedade de morte. Auxiliou no entendimento de sua pessoa.

C está em situação embaraçosa, porque além dos perigos concretos do viver, ainda existe algo mais difícil de administrar, ou seja, sua realidade psíquica, habitada pela sua mãe omissa e do padrasto malvado. Esses foram interiorizados ou projetados nas pessoas do seu mundo externo e ela vive relações interpessoais povoadas de angústia persecutória. Segundo ela, todos estão prontos para uma nova onda de abusos e abandonos. Nesse estado, apresenta as angústias e defesas da posição esquizoparanoide, acentuando a busca da desconexão e do isolamento. Aqui prevalece o isolamento persecutório. É diferente do retraimento autista, último recurso restante, levando-a a viver como a Bela Adormecida, hibernada à espera do príncipe salvador. Assim vive a paciente em nível mínimo de excitação sensorial.

Em uma sessão posterior, contou-me o seguinte sonho repetitivo: "eu levitava, subindo e descendo, ora ultrapassando o marco superior da porta (minha interpretação: esta é a porta divisória de entrada e saída para o mundo dos vivos) e, por vezes, aparecia-me um rapaz do outro lado, me oferecendo um doce. Não me lembro de ter aceitado".

É paciente de difícil manejo devido sua patologia autista e fantasias esquizoparanoides, provavelmente com momentos psicóticos. Não foi possível ainda obter dados de seu período inicial de vida.

Caso clínico III - TEPT com sintomas psicóticos e atípicos

M foi empresária de sucesso, empenhada no trabalho, empreendedora, inteligente, dotada de acentuada honestidade e censura moral, pouco afetiva e pouco social. Está com 71 anos de idade, casada.

Fui chamado para atendê-la por seu marido. Ao chegar à sua casa, esse informou que M não saia de casa há tempos. Estava aposentada há seis meses e os primeiros sintomas de sua doença atual começaram três meses após essa. Apresentava tremores dos dedos das mãos, espasmos ocasionais da musculatura estriada da face, quedas ao solo, lentidão para caminhar e atos repetitivos, como escovar os dentes com frequência, lavar as mãos e roer as unhas. Foi levada ao neurologista e a ressonância magnética do crânio revelou existência de hematoma extradural na região occipital em consequência de uma das quedas, quando bateu com a testa no chão. Foi submetida à craniotomia para a retirada do mesmo. Os sintomas iniciais mencionados foram atribuídos a possível doença de Parkinson.

Dias depois, seus sintomas reapareceram associados a outros. Tornou-se verbalmente repetitiva, sem apetite, dormindo mal, conversando menos, mostrando-se ora prostrada e ora agitada. Distanciou-se afetivamente dos familiares, evitando contato com os mesmos. Deixou de sair para caminhar pela manhã com o marido, não conseguia mais assinar cheques, não confiava mais em seu gerente do banco, guardando o dinheiro em casa, tinha dificuldade para evacuar e continuava sofrendo quedas sucessivas ao solo, embora mantivesse total consciência da ocorrência das mesmas. Levantava-se à noite, indo de quarto em quarto e voltando à cama. M tumultuava o ambiente familiar.

Ao chegar à sua casa fui levado ao seu quarto, onde estava semideitada e ficamos sozinhos. Recebeu-me com cortesia e acolhimento, demonstrando ser eu aguardado por ela. Logo, começou a contar a história da cirurgia do hematoma em minúcias. Parecia assustada em relação à mesma e a relatou-a duas vezes, quase com as mesmas palavras. Entendi essa repetição como tentativa de manter viva a recordação da mesma, como se quisesse controlar a possibilidade da sua repetição, provavelmente porque tivera vivência de morte em decorrência da cirurgia. Esse entendimento me auxiliou a ter paciência e tolerância para continuar ouvindo-a. Prosseguiu falando da mesma e, em determinado momento, falou das quedas ao solo. Indagada, as descreveu como perda momentânea da força muscular, semelhante a um desfalecimento com preservação da consciência. Faltava-lhe força física para se sustentar em pé. Logo, voltou ao relato da cirurgia que se prolongou até o fim do atendimento. Para eu sair, foi preciso interrompê-la com a promessa de voltar para continuarmos a conversar. Surpreendeu-me a forma rápida de levantar da cama, seu olhar fixo e contínuo voltado para mim e o convite feito para conhecer sua casa. Eu não esperava essa súbita manifestação de atividade e intimidade, a qual eu senti como incômoda no primeiro momento. Aceitei o convite e depois de percorrer parte da casa retornamos ao quarto e nos despedimos, dizendo-lhe até a próxima semana.

Ao sair, seus familiares contaram-me mais que M andava esquisita, vendo e ouvindo pessoas identificadas como soldados ou policiais andando em volta da casa, o que acontecia algumas vezes ao dia e à noite, com perturbação do sono. Perambulava inquieta pela casa, deitava-se tardiamente e acordava cedo, alternando esse comportamento com momentos de prostração. Não conseguia mais administrar a parte doméstica da casa, estava emagrecendo pela dificuldade para se alimentar e evacuar. Estava perdendo força física e psíquica. A constipação intestinal lhe incomodava, obrigando-a ao uso de laxantes. Estava em uso do antidepressivo, agora reduzido à metade por decisão dos familiares, remetendo as manifestações físicas a um efeito colateral do mesmo. Verbalizaram-me a preocupação de M não se recuperar. Achei oportuna avaliação por um colega psiquiatra. Esse foi chamado e concordou com minhas dúvidas diagnósticas entre esquizofrenia, transtorno bipolar ou TEPT com sintomas psicóticos. Ele sugeriu medicá-la com Olanzapina - 10 mg ao dia.

Independente da medicação, diante da receptividade da paciente comigo, propus aos familiares a psicoterapia analítica, mesmo uma vez por semana. Concordaram e ficou acordado com eles meu retorno para a semana seguinte, no mesmo dia e no mesmo horário, isto é, na quarta-feira seguinte. Já estava convencido da necessidade para aumentar a confiança dessa paciente de um *setting* regular e constante, de que, mesmo de uma forma espaçada, É como se o corpo registrasse essa regularidade, como se pensasse com essa, sem participação da racionalidade, independentemente do intervalo de tempo entre os encontros.

Na segunda-feira seguinte, o marido fez contato por telefone. Disse que M apresentara uma melhora significativa, mas estava preocupada com o diagnóstico de Parkinson. Respondi não haver atentado para esse diagnóstico, mas no momento, o mais importante era tratar do quadro psíquico presente.

Na terça-feira, por volta de vinte e uma horas, volta a telefonar à procura de orientação. Informa as melhoras sensíveis de M, mas naquele momento, estava agitada e havia dificuldade para contê-la. Estava em surto psicótico. Queria medicá-la com a Olanzapina, mas ela se negava a tomar o remédio com ele. Olhava-o e se referia a ele como um homem estranho que havia entrado em seu quarto, logo após a saída do marido. Lá, o homem permanecera, incomodando-a com sua presença em busca de um contato sexual. M exigia a presença da polícia para retirá-lo. O marido pedia orientação.

Certamente, não era recomendável medida de força. Recomendei para insistir em medicá-la e se não conseguisse mesmo, fizesse novo contato. Pensei ser esse surto transitório diante das melhoras apresentadas. Não entendi de imediato a causa do mesmo.

No dia seguinte, na quarta-feira, pela manhã, o marido disse-me ter conseguido dar a medicação e M acordara menos confusa e agitada. Agora estava dormindo. Voltou a informar haver passado bem toda a semana, dormindo sem sobressaltos. O quadro alucinatório com os soldados e os policiais estava ocorrendo de forma discreta pelas manhãs. Estava alimentando melhor, o funcionamento intestinal melhorou e já conseguia redigir e assinar cheques, embora com alguma dificuldade. Contou-me que no dia anterior ao surto, M se levantou bem sem apresentar sintomas delirantes.

Ao chegar à sua casa, seu marido pediu-me esclarecimentos sobre a ocorrência do surto. Na ausência de uma compreensão adequada, respondi-lhe ainda não tinha uma explicação, mas não o entendia como piora. Eu pensava mais na melhora apresentada. Logo me ocorreu um primeiro entendimento. Relacionei-o à revitalização de M, agora mais fortalecida física e psiquicamente. Estaria voltando ao mundo dos vivos, conseguindo ter desejos, em oposição ao mundo dos semivivos. Paradoxalmente, a manifestação de erotismo teria sido um sinal de melhora. Lembrei-me, então, do incômodo por mim sentido ao final do primeiro atendimento, diante do vigor ao se levantar da cama e do convite para conhecer a casa. Dei-me conta, de me sentir atraído por ela, seduzido pelo modo mais jovial apresentado, seu olhar fixo e contínuo e ao convite para me mostrar a casa. Com esse *insight* contratransferencial me senti mais relaxado ao encontrá-la no quarto, após a conversa com os familiares. Entendi ser o homem mencionado invadindo seu quarto, eu mesmo, havendo uma parte dela, me querendo mais próximo.

M acabara de acordar. Cumprimentou-me de forma amistosa e pediu licença para ir ao banheiro. Quando voltou, demonstrou desejar falar sobre o acontecimento recente. Contou com absoluta certeza da entrada do homem no quarto em busca de sexo. O mesmo teria aproveitado a saída do marido, ao sair para ficar com o filho no hospital naquela noite. Relatou que o homem havia se deitado ao seu lado. Por várias vezes, fez questão de mencionar não haver de qualquer contato físico e que estava aliviada, porque os familiares compreenderam o sucedido sem lhe fazer nenhuma reprovação. Esse relato foi longo e ouvido em silêncio, sem perguntas ou demonstração de qualquer discordância ou concordância em relação ao absurdo do mesmo. Entendi estar M estava manifestando a existência de um vínculo erótico comigo, devido à admiração e a confiança em minha pessoa.

Disse-lhe entendê-la e não havia motivos para medo porque eu e seus familiares estávamos ao seu lado. Ouviu-me calada e nos despedimos em seguida.

Interpretando o delírio na época

À época do atendimento dessa paciente, março de 2002, orientava-me pelos conceitos clássicos da psicanálise e da psiquiatria. Orientei-me no primeiro momento com esse referencial. Interpretei a alucinação com os soldados e os policiais como produto da rigidez de M, ditada por conceitos religiosos, morais e éticos característicos de uma personalidade esquizoparanoide, autoritária e obsessiva compulsiva, além de suas identificações projetivas persecutórias. Aqueles, os soldados e policiais, seriam representantes de objetos internos, sempre em prontidão para evitar transgressão relacionada aos impulsos incestuosos; era resultado da presença de um superego rígido formado a partir da introjeção de objetos externos, mais os pais, além de outros ao longo de sua formação pessoal.

Com os estudos que vinha desenvolvendo, entendi que nossa relação estava orientada pelo terceiro sujeito analítico de Ogden (1989b), no caso um sujeito sedutor. Ela era uma mulher para ser admirada como profissional exitosa que fora, de acordo com os inúmeros títulos relevantes obtidos e, eu, um médico que M demonstrava admirar. Não neguei estar ocorrendo um envolvimento recíproco.

Coincidentemente, eu começava a desenvolver o conceito de desconexão, remetendo a vítima do trauma ao estado de desamparo e insuficiência. Houve uma mudança importante na complementação da minha compreensão desses delírios. Passei a interpretar o sentimento persecutório em relação aos soldados, aos policiais e ao estranho em seu quarto, como a necessidade de ser encontrada por eles para ser protegida dos medos caóticos de se desfazer, tal sua fragilidade psíquica.

Deixei de ver a manifestação erótica no surto psicótico como sexualidade reprimida, talvez relacionada ao complexo edipiano, para entendê-la como necessidade de M me sentir como uma segunda pele (Bick, 1968 e 1986) protetora pelo seu estado de desamparo.

Esse entendimento me levou a fortalecer a compreensão da minha importância para ela, isto é, uma valência mais importante que a libidinosa. Tratava-se mais de uma questão de sobrevivência e menos de busca de prazer libidinal.

A partir de então, deixei de sentir minha relação com a paciente como constrangedora. Contudo, ainda não possuía a dimensão real da minha importância pessoal para ela, como se verá adiante.

Tais compreensões, ainda parciais, foram importantes para o êxito da continuidade do tratamento. Possibilitaram-me a tranquilidade e a espontaneidade para preservar a regularidade do *setting*, garantida pelo tom de voz, o olhar e o cumprimento de mãos e outros elementos sensoriais.

Não usou mais o antipsicótico. Permaneceu bem durante oito meses. Estava mais afetiva com os filhos na entrada e na saída dos mesmos da casa, voltou a sair acompanhada do marido e a fazer caminhadas com ele, não caiu mais ao solo e fez uma viagem de férias por dez dias. Sua vida retornou à regularidade.

Continuei indo semanalmente à sua casa. Certa quarta-feira, ao voltar à sua casa, como sempre fui recebido com cordialidade por M. Levou-me até a sala de visitas pela primeira vez, ao contrário de antes, quando me recebia na antessala, onde nós sentávamos. Ela, então, comentava objetivamente, como vinha se sentindo. Em geral, surgia algo relacionado à saúde física e a sua trajetória profissional. Só uma vez mencionou um sonho, sem valorizá-lo e, algumas vezes, falou de si como pessoa, citando alguns dados familiares.

Nessa quarta-feira começou a exibir vários livros de arte ganhos de amigos expostos na sala de visitas. Delongava-se no relato das histórias dessas amizades. Próximo do final da sessão, falou de forma pouco audível em cafezinho. Suspeitei que a paciente houvesse formulado um convite para tomar café da tarde com ela e, de fato, ela repetiu de modo explícito o convite. O inusitado do mesmo me deixou embaraçado e pensando na neutralidade analítica, disse-lhe que o aceitaria na outra quarta-feira. Não me ocorreu nem mesmo uma só desculpa razoável. Não aceitar o convite foi desastroso.

Na sexta-feira, à noite, dois dias depois, familiares me telefonaram para dizer que M havia piorado. Estava ora inquieta, ora prostrada e não dormia. Desejavam saber, apenas, sobre a medicação indicada para acalmá-la. Não queriam atrapalhar meu fim de semana. Ainda assim, disse-lhes estar indo vê-la. Não concordaram e, assim, foi recomendada uma medicação sedativa. Porém, a reação de preocupação permaneceu.

Na segunda-feira cedo, o marido solicitou a antecipação da sessão. Ao chegar à sua casa, encontrei-a assentada, prostrada, cabisbaixa, quase imóvel, irreconhecível. Com olhar sem brilho, não conseguia levantar a cabeça para me cumprimentar ou fazer uma saudação. Parecia desfeita. Seu estado me deixou apreensivo. Relacionei a piora à minha recusa ao seu convite para tomar o café. Senti-me mal por não o ter aceito e não ter lhe atendido na sexta-feira, no sábado ou no domingo. O estado físico de M requeria cuidado e avaliação clínica para excluir uma intercorrência, tal a intensidade. Concluí com os familiares necessidade da avaliação de um clínico geral.

A piora deixou-me incomodado, embora houvesse entendido sua causa. Era grande meu zelo por ela e me senti paralisado. Senti-me incompetente para tratá-la como outros pacientes com os quais vinha obtendo êxitos como ela. Senti-me metamorfoseado. Fiquei subjugado por este sujeito incompetente nesse momento crucial para ela, quando mais precisava da minha convicção de poder ajudá-la.

Foi internada pelo clínico. Continuei a vê-la no hospital, mas já não mais levava o *setting* analítico comigo. Já não mais sustentava minhas convicções anteriores.

M foi submetida a inúmeros exames radiológicos e laboratoriais, deixando-a sensivelmente incomodada.

Dois dias depois, saiu do quadro de prostração e passou a apresentar agitação. Tornou-se agressiva com aqueles que lhe queriam conter fisicamente para a realização de exames e para tomar a medicação prescrita. Foi preciso proceder à sedação com o auxílio do mesmo colega psiquiatra. Prescreveu Haldol 5 mg duas vezes ao dia e 25 mg de Amplictil, ao deitar. Ainda assim, apresentou poucas melhoras. Os exames realizados não revelaram a existência de qualquer causa orgânica. O clínico aos poucos foi afastado pela família.

Após alguns dias, me recompus e foi incômodo admitir ser eu o agente central da transformação. Minha recusa ao seu convite para o cafezinho havia sido traumática para ela. Produzira-se uma ruptura psíquica e física do seu sentimento de continuidade, por onde vazou tudo o conseguido em termos de segurança para sua recuperação. Como consequência, ela se desfez.

Julguei prudente recomendar seu retorno para a casa e passar o atendimento psicoterápico para duas vezes por semana. A partir daí ela voltou a melhorar e a apresentar momentos de choro e afetividade com os filhos. Parecia estar se recuperando.

Contudo, semanas depois, passou a apresentar outro delírio. Insistia que desejava voltar à sua casa antiga, isto é, para seu retraimento autista e precisou ser contida pelos parentes.

O portão da casa teve de ser trancado com cadeado. Entendi esse delírio como expressão do desejo de voltar a sentir isolada e em suspensão animada. O delírio perdurou por algum tempo e desapareceu espontaneamente para dar lugar a outra manifestação clínica.

M apresentou um sintoma atípico. Passou a andar de modo diferente a cada dia. Rigidamente, curvava-se para frente num dia e no outro se curvava para trás; no outro, para a direita e, em outro, para a esquerda. Era muito estranho vê-la caminhar daquele modo, sem poder aliviá-la. Pensei que estaria buscando o equilíbrio psíquico perdido.

Intensifiquei minha atenção. Acompanhava-a para o café e, em sua companhia, ouvia a música clássica apreciada por ela e por mim. Notei progressos, e senti-me mais otimista. Devido à fragilidade do quadro físico e psíquico de M, toda mudança positiva era bem-vinda. Melhorou, mas não voltou mais a ser a mesma, ou seja, não consegui mais fazer distante da morte, sua angústia central. Voltou a se sentir frágil, tanto físico e psiquicamente, e veio a falecer meses depois.

Hoje estou convicto da importância da relação afetuosa e constante com o paciente. Nosso contato regular, compreensivo e confiável responde pelo equilíbrio psíquico alcançado pelo paciente pós-traumático de que não vai perder o equilíbrio psíquico e nem vai morrer.

Caso clínico IV - TEPT grave com características autistas

L tinha quatorze anos quando foi hospitalizada. Agredia fisicamente a mãe, fugia de casa, colocava fogo em objetos caseiros, se cortava com objetos afiados, balançava o corpo para frente e para trás, batia com a cabeça contra a parede e tentou autoextermínio com psicotrópicos. Alternava essas ações com períodos de apatia, sonolência e sintomas moderados para graves de anorexia nervosa. Cursava escola em classe especial adequada ao seu aproveitamento escolar sempre baixo.

Fui vê-la no hospital a pedido da mãe. Recebeu-me com reservas, manteve o olhar desviado, estava emagrecida, enrolava os cabelos com os dedos de forma contínua e balançava o corpo e as pernas. Não constatei sintomas psicóticos. Contou-me o maltrato da mãe desde pequena e havia jurado infernizar sua vida desde então. Em sua papeleta médica constava o diagnóstico de esquizofrenia ou de transtorno do humor bipolar. Os psiquiatras não conseguiam precisar o diagnóstico e a prescrição medicamentosa estava sendo modificada com frequência. Meu diagnóstico inicial foi de TEPT grave com patologia autista, considerando os atos repetitivos, sua anorexia nervosa, o olhar desviado e o comportamento impulsivo.

Passei a vê-la duas vezes por semana. Depois de alguns encontros, estabeleceu-se uma confiança básica de L comigo e houve melhoras apreciáveis. Ao fim de um mês, solicitei sua alta e iniciou psicoterapia analítica em meu consultório com duas sessões semanais.

As primeiras sessões foram difíceis para mim e para ela. Fazia questão da presença da mãe nas mesmas para me convencer que a mesma não a entendia. Com fina sensibilidade, obrigava a mãe dizer como a estava percebendo naquele momento. Nessas ocasiões a mãe ficava confusa e L dizia, então, nunca ter sido entendida por sua mãe ou chorado por ela.

Em uma sessão a sós comigo ficou violenta ao me sentir distante. Tentou me agarrar pelo pescoço. Contive-a e lhe disse ter mesmo se distanciado dela enquanto falava. Essa confissão a serenou, dando-a certeza de sua lucidez pelo acerto da observação e de que eu não mentia para ela.

A partir daí, tornou-se mais dócil, mas iniciou movimentos para o isolamento e a imobilidade. Sentava-se no divã com uma almofada junto ao corpo, contato, gerando uma forma autista de apaziguamento. Assim ficou por várias sessões. Depois, ao entrar no consultório, dirigia-se ao banheiro e lá ficava de porta fechada. No início fiquei apreensivo com sua permanência lá, mas depois compreendi essa ação como desejo de ficar só, atendendo sua demanda para a retirada autista, causada provavelmente por um olhar ou uma fala minha sem sintonia com ela ou um elemento transferencial, compreensão que me permitiu ficar mais acolhedor e sereno com ela.

Em uma dessas ocasiões, ao sair do banheiro, contou-me sobre um irresistível desejo de ficar na cama o dia todo e descreveu sonhos nos quais fazia força para mover os braços e as pernas e não conseguia. Eram elementos indicativos de sua tendência para o imobilismo autista e do estresse sentido diante das dificuldades da vida adversa.

Em outra sessão começou a sentir dor abdominal enquanto deitada no divã, que foi acentuando e ela, de fato, desfaleceu. Essa ocorrência vinha acontecendo fora do consultório com frequência e eram interpretados pelos familiares como encenações pessoais de M para impressionar. Entendi-o como resultado de um estado de insuficiência física para lidar com sua ansiedade. Ela se desfazia. Com esse entendimento, mantive-me tranquilo, segurei-lhe as mãos e dei-lhe tempo para se recuperar, demorando alguns minutos.

Em outra sessão L fez o relato de enurese noturna e de sudorese intensa, formas autistas envolvendo elementos corporais macios, a urina e o suor, para gerar sensações sensoriais sobre a pele, tal como a almofada no divã.

Em uma sessão seguinte mencionou a presença de alucinações auditivas, referentes a pessoas perseguindo-a. Disse-lhe traduzir seu desejo de ser encontrada tal o seu estado de desamparo e insuficiência. Esses sintomas melhoraram após algum tempo com o trabalho interpretativo nessa linha e o *holding*, sem uso de medicação.

Ao fim de quatro meses, L começou a dar mostras de mais estabilidade e de confiança em sua capacidade para se compreender. Passou a mostrar cultura brilhante para sua idade cronológica. Conhecia a mitologia egípcia, a mitologia grega, além de conhecimentos da língua inglesa, de cinema e de literatura. Contudo, relatou sua insuficiência para o aprendizado na escola, fato provocador de constantes atritos entre ela e a mãe. Eu a compreendia, devido meu conhecimento sobre o processo de aprendizado da criança com personalidade autista. Esse só se desenvolve dentro de uma linha estabelecida por ela mesma. Há muita dificuldade para aprender o ensinado por terceiros. Qualquer mudança na forma de ser ou de como ordena os objetos pode ser sentida como arriscada para sua sobrevivência. Assim fracassou quando tentou entrar para um coral, para fazer ginástica olímpica e para praticar hipismo, todas tentativas de se revitalizar, começando bem e depois tinham de ser abandonadas por suas limitações autistas.

Foi preciso fazer a mãe compreender seus arranjos próprios e a importância de respeitá-los. Nessas ocasiões de desentendimento gritava e a agredia para se manter no seu modo de Ser.

Em uma sessão mais atual, narrou o entendimento sobre sua agressividade e sua tendência para a imobilidade e a insuficiência. Disse-me se identificar com uma personagem da internet cujo poder aumentava através de pontos que ia somando em um jogo e depois dessa animação caía em sono profundo. Essa identificação a manteve mais animada, pois compreendeu a necessidade de ser mais moderada. Não se aguentaria na exaltação por toda a vida. Sua capacidade para esse *insight* mostrou-me que a psicoterapia estava se processando com êxito.

Terminou seus estudos secundários e tive o prazer de ir à cerimônia de colação de grau.

Minha compreensão de L ser portadora de patologia autista foi confirmada pelo relato da mãe sobre traumas precoces, como sua gestação conturbada pelas brigas corporais com o esposo do qual veio a se separar, o parto demorado e a insuficiência de L para pegar o mamilo apesar de sua insistência. Nasceu com os pés tortos e precisou do uso precoce de bota corretiva com a qual se sentia bastante incomodada. Associado a essas manifestações, apresentava uma organização de superego severa pelo tratamento sempre corretivo da mãe.

Considerei a angústia básica de L resultante do medo de morrer ou de ficar louca e de sua insuficiência para corresponder às cobranças da mãe e suas para consigo. Voltara às atividades próprias de sua idade, que foram acentuando à medida que L melhorava.

Por motivos que desconheci, sua mãe resolveu interromper seu tratamento, levando L para tratamento com uma psicóloga indicada por amigas.

Passei algum tempo, talvez dois anos, sem notícias de L, até seu tio me ligou informando que L havia esfaqueado seu irmão e esse veio a falecer. Estava presa. Havia se comportado como um animal sem cognição, a partir de seus impulsos. Passou a responder processo criminal presa em manicômio judicial.

Algumas vezes era convocada para audiências com um juiz, ocasião em que por iniciativa de sua mãe, o juiz requisitava minha presença para atestar seu estado de saúde na época do homicídio, mesmo sabendo meu afastamento há dois anos. Eu ia para tentar ajudar L. Nesses julgamentos trocávamos olhares de quem se gosta. Três anos depois a mãe veio a falecer.

Perdi o contato com L por um bom tempo. Mais recentemente ela me descobriu no *Facebook* e reiniciamos o contato, ela já casada e se dedicando a estudos místicos, bem ao seu feitio. Ainda temos contatos ocasionais, mas a distância geográfica impede-nos de encontros presenciais.

Acredito que poderia ter beneficiado mais esta paciente se seu tratamento tivesse sequência. Eu havia criado o meio propício para a retomada do desenvolvimento afetivo e cognitivo, mas precisava perdurar mais tempo.

Caso clínico V - Perversão sexual

P é um analisando adulto. Relata na primeira sessão ser filho de mãe desvitalizada, olhos chupados e fundos e pai epiléptico, assustando a família com crises convulsivas e gritos. Havia grande carência de recursos materiais. Lembra-se, com ênfase, aos dois anos de idade só dormia depois de cobrir a cabeça e o corpo com uma colcha, comportamento prolongado até sete anos de idade. Mencionou ao longo de sua existência sentir mal-estar físico generalizado com ideias de autoextermínio, desespero, sensação de vazio interno inexplicável, visão distorcida do corpo e isolamento acentuado das pessoas

Nesse estado buscou a capital para trabalhar e estudar, onde morou em pensões de baixo custo. Passou por situações pessoais de extrema carência afetiva e material, sobrevivendo com o mínimo para poder estudar.

Aos 20 anos prestou concurso público para trabalhar em órgão estadual de fiscalização, no qual funcionários ficavam expostos a práticas ilegais de beneficiamento de infratores. P exerceu sua função com honestidade até os 55 anos, quando se aposentou.

Aos 35 anos de idade passou a ir aos cinemas para assistir filmes pornográficos, após os quais se dirigia aos banheiros e praticava felação coletiva, masturbação excessiva e exibicionismo compulsivo. Procurou vários psicoterapeutas sem resultado clínico satisfatório.

Nessa condição iniciou análise com quatro sessões semanais. Mencionou ser agredido e detido várias vezes por policiais, devido ao exibicionismo compulsivo. Vivia sozinho no pequeno apartamento para onde convidava homens conhecidos na rua, para fins de atividades sexuais.

Depois de oito anos de análise, acolheu em seu lar uma mulher pobre com uma menina nos braços por caridade. Passou a cuidar de ambas e ao fim de dois anos, aceitou-a como companheira. Dessa união, teve duas filhas legítimas. Interrompeu as práticas sexuais habituais e concluiu um curso superior em economia, importante para se manter e desempenhar sua função profissional.

Até então o diagnóstico era incerto, ora de psicopatologia narcísea, ora esquizoparanoide, ora depressiva e ora edípica. Eu entendia e tratava P com meu referencial teórico e técnico clássico da psicanálise.

Embora esse progresso, sua análise começou a ficar repetitiva e monótona. Decidiu interromper e ficou afastado por quatro anos sem dar notícia. Voltou a me procurar devido seu estado de agravada insuficiência física e psíquica, depois de tentar tratamento com outros dois psicoterapeutas. Não quis mais o divã e nem as quatro sessões semanais. Propôs duas sessões, sentado e concordei com ele, devido minha convicção adquirida sobre as perversões sexuais e suas relações com a patologia autista. Usando da minha compreensão sobre a mesma, ajustei-me ao tratamento desse paciente, como solicitado por ele. Tinha mais a ver com sua disponibilidade psíquica e suficiência física.

Após três anos de reinício da psicoterapia psicanalítica, M apresentou resultado terapêutico significativo. Pude compreender sua monotonia, sua insuficiência, os prolongados silêncios durante as sessões, a fala compassada e precisa nos detalhes, os olhos desviados, os gestos desvitalizados, os movimentos constantes da língua na boca, a imobilidade física e psíquica, o relato repetido das incômodos de mal-estar físico e a sensação de vazio interno acompanhado de uma tristeza seca e seus desvios sexuais. Não sentia mais sono como antes, fato relatado por ele sucedido nos tratamentos com os outros colegas ao ficarem sonolentos na sessão e até dormiam durante a mesma.

Entendi seus sintomas e modo de ser como remendos para as feridas produzidas pelos inúmeros traumas vividos. Lembrou-se novamente que aos três anos de idade se cobria com a colcha de dormir enrolada dos pés à cabeça. Pude compreender minha função de segunda pele (Bick, 1968 e 1986). Precisei dessa postura técnica para atender suas necessidades de apego e amparo.

Resolveu adquirir uma casa em sua terra natal, onde construiu uma boa residência com detalhes e engenhosidade. Terminou-a após dois anos e mudou para a mesma ela acompanhado da companheira e das filhas. Essas cresceram e se casaram. Foi um pai compreensivo e um avô consciencioso.

Toda semana voltava a capital para dar prosseguimento a psicoterapia. Suas melhoras foram acentuando. Sentia-se melhor consigo mesmo e apresentava considerável diminuição da sintomatologia apresentada desde o primeiro tratamento. Não mais apresentava ausência de si mesmo e distância dos outros. Suas sessões tinham ainda os silêncios do início do tratamento, mas não eram silêncios desvitalizados. Tornaram-se interessantes como se estivesse usando lentes de aumento para ver detalhes simples, mas de grande significação para sua vida pessoal. Dos sintomas iniciais apresentava apenas, em menor frequência, o exibicionismo. Como era de se esperar, desenvolveu grande dependência da minha pessoa, mais depois de apresentar insuficiência cardíaca, em consequência da doença de Chagas da qual era portador. Manteve-se em tratamento até quando reuniu força física para vir às sessões.

Caso clínico VI - Psicose

Paciente chega trazendo um mau cheiro no corpo (um remendo), inicialmente me afastando dela pelo desconforto. Depois pude pensar que era um artificio para ser percebida por mim e o mau cheiro propiciava isso.

Na sua primeira fala, disse ter ido com a filha ao shopping, onde ficou das nove às doze horas, satisfazendo as vaidades dessa. Acreditava que seus filhos não fariam isso por ela. Daí até o final da sessão falou como se sentia desvalorizada no seu trabalho doméstico e de como reagia a isso, empenhando-se em múltiplas tarefas. Disse-lhe reconhecer esse esforço.

É uma paciente obesa, a obesidade como outro remendo (Salim, 2002c) de natureza orgânica pelo estiramento da pele. Entre outros remendos, saliento a fala contínua e o olhar fixo em mim. Também faz o pagamento de suas sessões com notas de cinco reais, novas, sacadas no banco, para ter uma seriação com sequência. Relatou a entrega à masturbação compulsiva, chegando a se ferir. Com frequência é acometida de manifestações alérgicas com pronunciado prurido. Além do uso do corpo de natureza orgânica, produz remendos a partir de material psíquico. Quando sai à rua, sente-se obrigada a ler e comparar as placas dos carros em busca de uma associação com placas vistas anteriormente.

O mesmo acontece com números de telefones. O número oito sempre lhe chama mais atenção. É um número com duas bolas ligadas entre si. Significa um laço, uma aproximação. Acredita ser os diálogos na novela da televisão referentes a ela. Na rua acha que estão falando ou rindo dela. Entendi toda essa sintomatologia resultado do seu estado de desamparo e desespero diante do medo de sucumbir física e psiquicamente. Mantém-me como proteção contra as perseguições do psicoterapeuta anterior. Segundo ela, ele colocava motoqueiros para vigiá-la, enchia a porta da sua casa de resto de lixo e lhe telefonava para saber aonde e com quem andava.

Sou seu objeto autista e sua forma autista a ajudá-la a se definir pela minha fala, pelo meu aperto de mão, pelo meu modo de olhá-la. Todos esses são experiências sensoriais que a serenam (Tustin, 1990), assim como meu trabalho interpretativo. Funciono como uma segunda pele (Bick, 1968 e 1986), macia e envolvente, ajuda a manter o sentimento de segurança quanto à sua existência viva. Tem a ver com um estágio do desenvolvimento anterior ao *holding* (Winnicott, 1960). Nesse estágio, prevalece a experiência organizadora pela sua capacidade de promover um sentimento de coesão, de existência, necessário para o processo de maturação do Ser. Trabalho com a noção desta paciente necessitar de mim para demarcar sua existência, impedindo o aparecimento da ansiedade catastrófica ligada ao medo de se desfazer. Sou um remendo, sem o qual não pode ficar no fim de semana. Chega, assim, em toda sessão de segunda-feira com o odor, que a ajudou a se manter até o nosso reencontro e que me levaria a percebê-la.

Essas manifestações começaram há sete anos com as primeiras divergências conjugais. A possibilidade da separação conjugal a fragmentou e se viu à beira da falência psíquica, restando-lhe como último recurso voltar aos modos iniciais de se garantir.

Sentiu-se perseguida e cheirando mal para se garantir certa de ser encontrada. Aqui surge um paradoxo existencial. Esses remendos caóticos produzidos para o apaziguamento inicial, agora precisam ser desfeitos pelos embaraços para a vida adulta. Só nós, psicanalistas, poderemos fazê-lo e, para tanto, precisamos identificá-los, reconhecer sua natureza e sua função.

Certo dia relatou um sonho no qual estava em uma casa de gelo e as entradas e as saídas estavam obstruídas. Lá dentro dois homens discutiam, até compreender a necessidade de somarem suas forças para conseguirem sair. Logo entendeu que os dois homens éramos eu e ela, assim como a casa de gelo era ela com os remendos usados para se acalmar, deixando-a insuficiente e a levavam ao isolamento afetivo e social próximo ao congelamento. A casa de gelo representava o estado de congelamento em que vivia frente ao medo de morrer como forma de subsistir.

Esses remendos constituem um universo de manifestações orgânicas, psíquicas e ações sintomáticas. Muitas são do nosso conhecimento cotidiano e do leigo. São pouco valorizadas por nós, como eram os sonhos, à época do início dos estudos de Freud. Pelo nosso desconhecimento da sua etiologia e significado, tendemos a desvalorizá-los como elementos clínicos. Reconhecê-los tem importância para nosso trabalho clínico. A paciente foi aos poucos se desprendendo deles. Separou-se do marido, o qual de fato tinha uma amante, distanciou-se da filha, que a subestimava e mora hoje em um apartamento, sendo cuidada pelo filho, nora e netos.

Caso clínico VII - Personalidade autista com sintomas psicóticos

Paciente com 43 anos e em psicoterapia psicanalítica há 13 anos. Procurou-me devido ao desassossego produzido por vozes ameaçadoras, que o subestimavam. Admitia-as, como vozes de espíritos. Vivia dentro do quarto, de onde só saía para vir à análise. Depois de 2 anos de tratamento, com duas sessões semanais, aceitou a interpretação das vozes ouvidas emanarem do seu interior, mudando o rumo da psicoterapia e de suas inquietações.

Hoje, ainda, ouve expressões ou palavras de forma inesperada com conteúdo de advertência ou de desmerecimento, mais espaçadas e atenuadas em intensidade, sobre as quais fala nas sessões em busca de entendimento. Recuperou o convívio amistoso com os familiares, embora passe a maior parte do tempo dentro do quarto, ao qual ninguém mais tem acesso há anos.

Deve ser mantido limpo e arrumado só por ele, de acordo com seu ordenamento. Esse quarto é sua segunda pele (Bick, 1968 e 1986), relacionada com sentimento de falta de proteção oriundo do desamparo inicial e a perda do sentimento de coesão física e psíquica. Um verdadeiro manto psíquico.

Nunca faltou às sessões. Vem para as mesmas dirigindo seu carro e o estaciona apenas de um lado da rua, obrigando-o, por vezes, a dar seguidas voltas no quarteirão. Incomodado com essa sua dificuldade, responsável por alguns atrasos no horário de início da sessão, sugeri a ele um estacionamento próximo ao consultório e o paciente se irritou, mostrando que não gostou da minha interferência. O mesmo ocorre com o elevador do prédio. Só entra no mesmo, quando vazio. Abre mão desse maneirismo, apenas, quando percebe o movimento de pessoas impedindo-o de pegar o elevador, fazendo-o atrasar para a sessão.

Controla adequadamente o dinheiro da aposentadoria e do pagamento das sessões. No início era difícil atendê-lo devido seu imobilismo e sua lentidão. Sua fala desconexa e enigmática transmitia conteúdo segmentado e confuso, difícil de entender e possuía modulação lenta. Provocava-me sonolência, às vezes, difícil de disfarçar. Tempos depois, após meus desenvolvimentos, comecei a auxiliá-lo de forma mais viva. Observei, ao interferir na sua fala, usando um termo sem sintonia com a mesma, reagia de forma irritada. Fui aprendendo com ele a deixá-lo sem interferir em sua tentativa para compreender as vozes escutadas.

Ele tem um jeito próprio de se organizar do ponto de vista psíquico. Cada palavra, ainda hoje, tem de ter significado preciso.

Desde esse entendimento, permito-me ficar sem entender seu discurso, sem me sentir esvaziado, insuficiente e sonolento. No momento é mais articulado. Bastante significativo é o modo positivo, como hoje, reage às vozes mandando-o afastar-se de mim e do tratamento, devido ao entendimento das melhoras e da compreensão da chance de se refazer pela confiança estabelecida, tendo por base a regularidade do *setting* incluindo minha pessoa, minha fala e meu olhar. Em algumas sessões relata presença de cheiros e sons dentro e fora do consultório, compreendido por mim como experiências sensoriais ativadas para se sentir mais coeso.

Esse paciente vem tendo uma melhora apreciável. Tem feito viagens de férias sozinho ou acompanhado de familiares a outros países. Não falta a eventos familiares em casas de irmãos ou de recepções. Tem cuidado de sua aparência e higiene. Fez um check-up por iniciativa própria, indo ao dentista e ao cardiologista. Fez vestibular para curso de administração online com presença somente em época de provas. Está com 50 anos e começa a despertar para a possibilidade de conhecer uma mulher.

Faltam dados da sua infância e juventude guardados sobre segredo e aos quais não tenho acesso devido ocasionais contatos com sua irmã. Penso haver possibilidades desse paciente ir abandonando seu apego aos recursos autistas uteis para viver em família e a oportunidade de se lançar a mais progressos.

CONCLUSÕES FINAIS

A proposição de uma patologia autista baseada no conceito da retirada autista ou regressão somática, auxiliou-me a entender analisandos errantes em busca de ajuda médica ou psicológica, alguns com diagnósticos diversos, que acabam definidos como atípicos, pacientes da clínica do vazio e outros enigmáticos como Samsa Gregor, personagem de *A metamorfose* e da anorexia, fronteiriça entre a vida e a morte. Também, a psicose psicogênica como um apelo gritante do analisando para sair da solidão e do desamparo. Quando faço o diagnóstico do retraimento autista, quase sempre seguido do estado de exaustão física e psíquica, sinto-me mais apto para oferecer uma postura côncava, tecida pela escuta calma e confiante, o contato físico respeitoso, a regularidade do *setting* e o trabalho interpretativo adequado da sua realidade psíquica interna, constituída por identificações adversas ao seu sustento psíquico, decorrentes de avaliações depreciativas de terceiros prejudiciais à sua autoestima.

Como vimos, o diagnóstico clínico foi básico para a compreensão dos sintomas de C e seus arranjos para sobreviver, levando-a em busca do mundo dos vivos: as danças modernas, vivas, eletrizantes e contagiantes, os vários cursos interrompidos, o ex-marido lhe prometendo um mundo de artes, isto é, uma história segmentada, organizada dialeticamente entre o sono e a vida, entre a insuficiência e a ansiedade de morte. C estava em situação embaraçosa. Além dos perigos concretos do viver, ainda existia algo mais difícil de administrar, sua realidade psíquica povoada pelo padrasto malvado. Vivia em estado de suspensão animada.

A psicoterapia psicanalítica constitui, no meu entendimento, o meio terapêutico mais indicado para as patologias autistas. As terapias cognitivas ou comportamentais colidem com o estado básico do analisando: não está em condições de exercitar comandos alheios aos seus. Precisamos estar abertos para compreender suas idiossincrasias a fim de haver uma identificação empática. O entendimento cognitivo desse paciente não é suficiente para lidar com suas insuficiências. É preciso estabelecer vínculos afetivos por meio da aceitação de sua possibilidade de viver mais no mundo dos semivivos, onde se encontra apaziguado, à espera do fortalecimento e do meio mais propício para a retomada dos seus processos de desenvolvimento, como fazem animais e plantas em estado de hibernação. Assistido de forma afetiva, embora sua precariedade física e psíquica, sente-se mais seguro e apega-se menos para o próprio corpo como uma segunda mãe vivificante em busca da experiência sensorial usando elementos do mesmo. Torna-se mais independente da fixação autista, isto é, o próprio corpo tende deixar de ser "uma mãe suficientemente boa" (Winnicott, 1962). Por outro lado, em decorrência da identificação empática conosco, ele pode manter conosco um vínculo simbiótico ou erótico, considerados como indesejáveis, mas em verdade, esses vínculos são remendos para as feridas por onde podem vazar tudo que juntou em termos psíquicos cognitivos poupando-o da loucura e em termos físicos, da morte pelo crescente estado de exaustão. Na verdade, nessa condição a psicoterapia fica presidida pela insuficiência, desamparo, medo e apego. É necessário que se crie um terceiro sujeito analítico (Ogden, 1989b) caracterizado pela nossa presença física concreta e saudável. Vai constituir a base para sentir segurança e esperança de que pode confiar em nós. São válidos todos os elementos sensoriais presentes na relação, como a cor do analista, seu cheiro, seu timbre da voz, a tensão do aperto de mãos, seu modo de andar e olhar, sua indumentária e outros. Ele necessita desses elementos para desenvolver a identificação empática positiva. Essa evita *actings in* e *actings out* indesejáveis para o tratamento. M mostrou que precisamos manter para nós, psicoterapeutas, a convicção de que somos extremamente importantes para os analisandos e não podemos subestimar as demandas de aproximação possíveis dentro da técnica. Esse referencial ajuda a respeitar as disponibilidades emocionais do paciente, que vive dentro do mínimo para realizar as tarefas do viver, nada simples para ele. Daí é frequente ele explicitar preocupação com a saúde física do analista, tanto maior quanto mais severo seu desvalimento. Entendo, assim, que qualquer fragilidade física nossa é motivo de angústia para ele, como se fôssemos um esparadrapo fraco para ajudá-lo a cicatrizar a ferida deixada pelo trauma.

Durante meu longo exercício de magistério por mais de três décadas, fui enfático na formação do futuro médico ensiná-lo a valorizar o elemento afetivo presente na relação médico-paciente. Sua presença facilita o diagnóstico da psicopatologia e da patologia autista, assim como o encaminhamento desse paciente ao especialista.

Hoje, enfatizo que a psicoterapia psicanalítica é importante no tratamento desses analisandos por cinco razões:

1- A regularidade do *setting*, promovida pelas sessões com mesma duração e frequência, a importância da fala, do acolhimento do analisando e a regularidade do atendimento, que auxiliam na recomposição da desconexão hipotálamo-córtex cerebral (Andrade, 2005);

2 - O relato de traumas vividos para fechar feridas abertas que o analisando prefere esquecê-las e evita racionalizá-las;

3 - O destaque dos elementos da transferência e da contratransferência para evitar os opostos: o demasiado apego ou afastamento do analisando e do analista ao tratamento. A intersubjetividade analista-analisando gera um terceiro sujeito analítico - a desesperança – movida pelo relato repetido de situações vividas, pela obsessão em encontrar o significado correto das palavras, pelo enquadramento ao qual o paciente nos submete a seus objetos autistas e formas autistas e seu modo de ser que não permite mudanças ou interferências (Ogden, 1989b). O analista está sujeito à intensidade das manifestações autistas do paciente, como falar baixo ou alto, lento ou rápido, seu olhar vazio, pela busca de contato com almofadas ou livros existentes no consultório e outros. A forma da fala do paciente é tão importante quanto seu conteúdo e, também, pode promover respostas físicas no psicanalista, como sonolência, dificuldade de ouvi-lo, mal-estar físico, relaxamento físico na cadeira e outras. Assim, a constatação do terceiro sujeito analítico é elemento de fundamental importância para o diagnóstico e o tratamento dessa patologia. O sujeito que está presi-

dindo a relação muda durante a sessão e ao longo do tratamento. Esse diagnóstico é indispensável porque permite identificar a matriz da transferência e da contratransferência. Leva-nos a perceber se estamos interagindo dentro de uma matriz autista-contígua de gerar experiência psíquica ou se estamos diante de uma matriz psíquica esquizoparanoide ou depressiva. Essa diferenciação auxilia a preservar a originalidade, renascendo com o paciente a cada momento. Facilita ver do alto e de fora, os movimentos da dupla em busca da compreensão e do momento adequado para a interpretação. Essas matrizes, existem lado a lado em um mesmo paciente, ora com o predomínio de uma, ora de outra (Ogden, 1989b);

4 - Destaco o fato habitual de que muitos psicanalistas não estão voltados para o diagnóstico dos elementos filogenéticos responsáveis pela patologia autista e nem o diagnóstico da mesma. São tratados como aqueles portadores das neuroses de defesa e de depressão neurótica. No meu entendimento atual, não podemos considerar o corpo como um auxiliar do ego, quando esse não consegue uma representação mental do conflito psíquico por falha de linguagem simbólica. O diagnóstico de patologia autista é importante para as adaptações na técnica psicanalítica como já apontado;

5 - É relevante sempre considerar nesses analisandos, a existência de predisposição por um ou mais traumas precoces na história pessoal do analisando para positivar mais o diagnóstico de patologia autista. Nem sempre o analisando se lembra, assim como seus familiares, de traumas durante a gravidez, o trabalho

> de parto e nos primeiros dias após o nascimento. Talvez, algum sonho possa dizer respeito a esses traumas precoces. O mais frequente é intuímos sua ocorrência pela presença dos sinais e sintomas autísticos apresentados pelo analisando.

É importante repetir que é válido ressaltar a preocupação atual de parte da comunidade psicanalítica e das neurociências para valorizar e estimular os estudos e as pesquisas relacionadas ao trauma. Seu estudo enriquece a proposta inicial da psicanálise de ser um método de tratamento das doenças mentais. Andrade (2003) escreveu: "Após a morte de Freud, os conhecimentos psicológicos considerados por ele como provisórios foram assumidos como definitivos pela maioria de seus seguidores, de forma a apartá-los completamente das raízes biológicas". Por outro lado, a neurobiologia e a psiquiatria, pecam por não considerarem a importância das teorias psicanalíticas, já comentado.

Soma-se a esse desencontro o fato de os psicanalistas remontarem as causas das psicoses orgânicas às falhas precoces no desenvolvimento da relação mãe-bebê. No meu entendimento, esse conceito de falhas deve ser substituído pelo conceito de traumas fetais. Nessa etapa da vida ainda não se pode falar em ego. A importância dos traumas fetais foi assinalada por Winnicott (1962).

Em concordância, é imperativo a reformulação de dogmas e paradigmas clássicos da psicanálise para o tratamento das neuroses traumáticas e da patologia autista. De passagem, cito dois pacientes tratados por mim, de média idade, com patologia autista de significativa intensidade, que mantinham seus quartos fechados aos familiares. Quando esses tiveram a oportunidade de adentra-los, ficaram estarrecidos com a sujeira e o desarranjo de seus pertences pessoais. Minha orientação aos familiares foi de que deveriam obedecer às interdições dos filhos, sob o risco de perdermos tudo que havíamos conquistado até então com a psicoterapia. Eu temia pelo surto psicótico, se uma arbitrariedade fosse cometida pelos familiares desrespeitando os arranjos autistas dos filhos. Trata-se de modificar e adequar a técnica e a teoria a etiologia da patologia autista e suas entidades clínicas componentes e sua sintomatologia.

Ressalto que as manifestações corporais relativas ao trauma são apenas concomitantes fisiológicos do sujeito-corpo relacionadas ao recurso da auto geração de experiências sensoriais para o apaziguamento diante da sensação subjetiva de morte. Não expressam nenhum conflito emocional com representação mental impossível de ser posta em palavras.

Ainda é importante chamar atenção para necessidade de incluir nessa revisão os conceitos e considerações sobre o trauma. Freud emitiu seu conceito de trauma em 1919, época da realização do simpósio e voltou a ele no trabalho A Psicanálise das Neuroses de Guerra (1919), relacionado com a Primeira Grande Guerra Mundial, que lhe trouxe sofrimentos pessoais com perdas de familiares e amigos. Naquela época, Freud escreveu: "As neuroses traumáticas não são, em sua essência, a mesma coisa que as neuroses de defesa que estamos acostumados a investigar e tratar pela análise; até agora, não conseguimos harmonizá-las com nosso ponto de vista e espero, em alguma época, poder explicar-lhes a razão desta limitação". Ficou-nos devendo a explicação dessa limitação, talvez porque estivesse preocupado com a conciliação das teorias então emergentes sobre a libido, o ego e os instintos e sua relação com a técnica psicanalítica. Considero reducionismo considerar como eventos traumáticos, apenas as guerras, os desastres da natureza, os atos de terrorismo, a imigração em massa de pessoas por todo o mundo e outras. Uma demissão profissional, uma enfermidade, uma separação conjugal, uma perda financeira, uma aposentadoria, um assalto, um sequestro, uma tortura, um acidente com veículos, uma morte e separação de entes amados e outros podem ser desastrosos tanto quanto às tragédias citadas. O próprio Freud (1919) disse: "a neurose traumática não está relacionada somente à guerra". Freud pecou ao fundamentar quase toda a psicopatologia na sua obra com seu conceito de trauma decorrente da insuficiência do ego em racionalizar a repressão dos impulsos sexuais. Seus seguidores, em geral, continuam nessa mesma linha sem a devida consideração à neurose traumática.

Os progressos sugeridos nesse livro podem conduzir à reformulação de dogmas e paradigmas clássicos da psicanálise para o tratamento adequado de portadores de patologia autista. Vai além do clássico espectro autista de Leo Kanner (1943) e posteriormente do DSM-IV (1994). Já o DSM-V mais atual, não faz essa diferenciação.

Em síntese, segundo Kandel (2003), Renik (2002) e Andrade (2004) a psicanálise necessita aproximar-se da neurobiologia e ciências a fim, para o entendimento mais científico do substrato anatômico e do funcionamento do aparelho mental proposto por Freud, como ele mesmo sempre defendeu. Como dito, a Psicanálise com seus conceitos teóricos e técnicos clássicos não deve ser considerada ultrapassada para dar lugar a outros métodos de tratamento considerados mais científicos, como as terapias cognitivas, por exemplo. Somente o psicanalista pode penetrar no âmago das formas autistas e dos objetos autistas e, por extensão, as entidades autistas e propiciar o *setting* regular e dotado do elemento afetivo, permitindo ao paciente retomar seu processo de maturação física e psíquica.

Repito, meus resultados clínicos ao longo dos últimos 20 anos vêm mudando para melhor na medida que acrescento à minha teoria psicanalítica clássica os conhecimentos alcançados.

Não os considero finalizados, havendo necessidade de prosseguir com mais pesquisas e estudos. De fato, a desmistificação de alguns dogmas e paradigmas foi embaraçoso, mas valeu a pena. Os resultados do meu trabalho clínico de antes e de agora, geram-me uma convicção de refinamento clínico difícil de ser desfeita. Essa desmistificação auxiliou-me a utilizar com mais proveito clínico os desenvolvimentos acrescentados pelos autores das teorias das relações objetais e de suas recomendações técnicas, assim como da teoria freudiana. Sinto-me mais apto para perceber e utilizar os fenômenos da transferência e da contratransferência. Acompanho a fala do paciente sem considerá-la sempre simbólica ou pré-simbólica. Como dito, pode ser apenas o relato de concomitantes fisiológicos decorrentes das experiências auto sensoriais em busca do auto apaziguamento da angústia de morte sempre ativa nesses pacientes.

O iluminismo inicia e termina na incerteza. Nada é para sempre. Sabemos que as novas hipóteses científicas podem levar tempo para serem admitidas, outro tempo para serem publicadas e outro para serem validadas. Embora eu tenha convicção de minhas proposições, estou convicto de sua aplicação clínica. São originais, como a proposição de uma personalidade autista. Na ciência e nas artes é sempre assim: o novo é recusado, desmerecido e afastado e só tempos depois passam a ser integrados como verdadeiros. Advogo a tendência de todo ser humano a rejeitar, em parte ou no todo, o novo apresentado.

Somos testemunhas de grandes descobertas passarem tempos para serem admitidas como novos desenvolvimentos. Suscitarei dúvidas, reservas e oposições. É bom que seja assim, porque o conhecimento surge das divergências compatíveis e fundamentadas. Espero estar contribuindo com um passo.

REFERÊNCIAS BIBLIOGRÁFICAS

1. Alexander, F. (1962). *El enfoque Psicossomático em Medicina*. Buenos Aires: Paidos.
2. Andrade, V. M. (2000). *O desenvolvimento psíquico: psicanálise e neurociências*. Não publicado.
3. ---------- (2003). *Um diálogo entre a Psicanálise e a Neurociência*. São Paulo: Casa do Psicólogo.
4. ---------- (2005). Affect and the therapeutic action of Psychoanalysis. *International Journal Psychoanalysis*. 43: 306-310.
5. ---------- (2017). *Freud e a Psicanálise Afetiva do Século XXI: Análise Terminável e Interminável, 80 Anos Depois*. Curitiba; Editora Appris.
6. Assis, M. B. C. (1999). Considerações sobre experiências clínicas no campo da intersubjetividade. *Revista Sociedade Brasileira de Psicanálise*. 33 (2):341-64.
7. Balint, M. (1968). *A falha básica, aspectos terapêuticos da regressão (2ª Ed., F. F. Settineri, Trad.)*. São Paulo: Zagadoni.
8. Bauman, Z. (2003). *O amor liquido: sobre a fragilidade dos laços humanos. Rio de Janeiro:* Jorge Zahar Editores.
9. Bear, M. F., Connors, W. B., Paradiso, M. A. (2017). *Neurociência: desvendando o sistema nervoso*. Porto Alegre. Artmed.
10. Bernik, M., Laranjeiras, M., Corregiari, F. (2003). Tratamento farmacológico do estresse pós-traumático e depressão maior. *Revista Brasileira de Psiquiatria*. 25 (Supl.1): 46-50.
11. Bick, E. (1968). The experience of the skin in early object relations. *International Journal of Psychoanalysis*. 49: 484-486.

12. --------- (1986). Further considerations of the function of the skin in early object relations. *British Journal of Psychotherapy*. 2: 292-299.
13. Bion, W. R. (1965). *Transformações: Mudança do Aprendizado ao Crescimento*. Rio de Janeiro: Imago.
14. Blackstone, E., Morrison, M., Roth, M. B. (2005). Hydrogen Sulfide induces a Suspended Animation-like state in mice. *Science*. 308: 518-525.
15. Brazelton, T. B., Cramer, B. G. (1992). *As primeiras relações*. São Paulo. Martins Fontes Editora Ltda.
16. Cannon, W.B. (1939). *The wisdom of the body*. New York: W.W. Norton & Co.
17. Condillat, B. (1775). *Dicionário Oxford de Filosofia*. Rio de Janeiro. Zahar Editor.
18. DSM-IV. (1994). *Diagnostic and Statistical Manual of Mental Disorders*. Fourth Edition. Washington: American Psychiatric Association.
19. DSM-III-R. (1987). *Diagnostic and Statistical Manual of Mental Disorders*. Revised. Third edition. Washington: American Psychiatric Association.
20. Dunbar, H. F. (1947). *Mind and body: psychosomatic medicine*. New York: Random.
21. Engel, J. V. (2005). *A ser apresentada no painel "Interpretação Hoje" no 43º Congresso da IPA*. Rio de Janeiro, julho de 2005.
22. Evans, G., Harrington, L., Raff, M. (1994). Divisão e Suicídio Celular podem ser Chave do Câncer. *New Scientist*. 5: 6-16.
23. Ferenczi, S. (1926). *Further contributions to the theory and technique of Psycho- analysis*. London: Hogarth Press.
24. Ferreira, A. B. H. (1975). *Novo dicionário Aurélio*. Rio de Janeiro. Editora Nova Fronteira S.A.
25. Freud, S. (1893-1895). *Estudos sobre a histeria*. E. S. B. Rio de Janeiro: Editora Imago. Vol. 2.
26. ---------- (1896). *Novos comentários sobre as neuropsicoses de defesa*. E. S. B. Rio de Janeiro: Imago Editora. Vol. 3.
27. ---------- (1896). *A etiologia da histeria*. E. S. B. Rio de Janeiro: Imago Editora. Vol. 3.
28. ---------- (1900). *A interpretação dos sonhos*. E. S. B. Rio de Janeiro: Imago Editora. Vol. 4-5.

29. ---------- (1905). Três ensaios sobre a teoria da sexualidade. E. S. B. Rio de Janeiro: Imago Editora. Vol. VII.
30. ---------- (1909). *Uma nota sobre o inconsciente na Psicanálise*. E. S. B. Rio de Janeiro: Imago Editora. Vol. 11.
31. ---------- (1914). *Recordar, repetir e elaborar*. E. S. B. Rio de janeiro: Imago Editora. Vol. 12.
32. ---------- (1916). *Conferências Introdutórias sobre Psicanálise*. Fixação em traumas - O inconsciente. E. S. B. Rio de Janeiro: Imago. Vol. 16.
33. ---------- (1916). *Conferências Introdutórias sobre Psicanálise*. Regressão. E. S. B. Rio de Janeiro. Vol.16.
34. ---------- (1919). *A Psicanálise e as Neuroses de Guerra. E. S. B. Rio de Janeiro*: Imago Editora. Vol. 17.
35. ---------- (1920). *Além do princípio do prazer*. E. S. B. Rio de janeiro: Imago Editora. Vol. 18.
36. ---------- (1923). *O ego e o Id*. E. S. B. Rio de Janeiro: Imago Editora. Vol.19.
37. ---------- (1938). *Esboço de Psicanálise*. E. S. B. Rio de Janeiro: Imago Editora.Vol. 23.
38. Freud, S., Ferenczi, S. (1996). *The Correspondence of Sigmund Freud and Sándor Ferenczi*, Vol. 2: 1914-1919. Editado por Ernst. F.E., Brabant, E.
39. Gibran, K. G. (1923). *O Profeta*. Porto Alegre. L&M Pocket Editores.
40. Gilbert, C. (2005). *Transtornos do espectro do autismo*. Palestra em 10 de outubro de 2005 no Auditório do INCOR, São Paulo.
41. Ferenczi, S. (1914-1915/24). *"Thalassa- essai sur une théorie de la genitalité"*. In Oeuvres complétes. Psychanalyse 3. Paris, Payot, 1977.
42. Harlow, H. (1958). The nature of love. *American Journal of Psychology*. 13: 673-686.
43. Horn, A. (2016). O corpo na psicossomática psicanalítica. *Revista Brasileira de Psicanálise*. 50 (2): 30-36.
44. Imbasciati, A. (2001). Ciências Cognitivas e Psicanálise; uma convergência possível. *Revista Brasileira de Psicanálise*. 36 (1): 9-30.
45.
46. Kafka, F. (1915). *The Metamorphosis*. New York: Schoken Books Inc.
47. Kandel, E. (2003). A biologia e o futuro da psicanálise; um novo refe-

rencial intelectual para a psiquiatria revisitado. *Revista de Psiquiatria do Rio Grande do Sul.* 25; 139-165.

48. Klein, M. (1957). *Inveja e Gratidão*. Rio de Janeiro: Imago.
49. Young, W. M., Rosbash, M., Hall, C. J. (2017). *Mecanismos do ciclo circadiano*. Prêmio Nobel de Medicina e fisiologia.
50. Levine, P. (1998). *Waking the tiger: healing the trauma*. Berkeley, CA: North Atlantic Press.
51. Lindenfe, G. (2014). *Comes marching home with PTSD trailing behind him*. The Reset therapies. Sarasota, Florida.
52. MacDougal, J. (1989). *Theaters of the body*. New York: W.W. Norton & Company.
53. Marcos M. C; Rodrigo S.P. (2016). As noções de trauma e regressão nos escritos de Sándor Ferenczi. *Revista Brasileira Psicanálise*. 50: 122-135.
54. Martins, C. D., Gil, A., Abreu, P. S., Belmonte, D. L., Maria, I. (2004). Humor e psicose em esquizofrenia: explorando fronteiras diagnósticas com o Inventário de Critérios Operacionais para Doenças Psicóticas (OPCRIT) e o caso John Nash. *Revista de Psiquiatria do Rio Grande Sul*. 26 (2): 135-157.
55. Marty, P., M'Uzan, M. (1994). O pensamento operatório. *Revista Brasileira de Psicanálise*. 28: 165-174.
56. Meltzer, D. (1975). Adhesive identification. *Revue Contemporary of Psychoanalysis*. 11: 289-310.
57. Müller, M. J., Bosy-Westphal, A., Later, W., Haas, V., Heller, M. (2009). Body mass index is related to autonomic nervous system activity as measured by heart rate variability. *European Journal of Clinical Nutrition*. 63, 1263-1265.
58. Ogden, T. (1989b). Sobre o conceito de uma posição autista-contígua. *Revista Brasileira Psicanálise*. 30: 341-364.
59. ---------- (1996). *Isolamento pessoal: o colapso da subjetividade e da intersubjetividade*. Os Sujeitos da Psicanálise. São Paulo: Casa do Psicólogo.
60. ---------- (1996). *O terceiro analítico: trabalhando com fatos clínicos intersubjetivos*. Os Sujeitos da Psicanálise. São Paulo: Casa do Psicólogo.

61. Hoppenheim, H. (1889). *Trauma and recovery*. New York: Basic Books.

62. Piontelli, A. (1997). *L'Observation des Jumeaux dès avant La Naissance*. Le Bebé dans tous ses États (p.41-48). Colloque Gypsy II. Páris: Éditions Odile Jacob.

63. Queiroz J. (2003). Comunicação simbólica em primatas não humanos: uma análise baseada na semiótica de C. S. Peirce´s. *Revista Brasileira Psiquiatria*. 25 (Supl. II): 18-21.

64. Queiroz J; Gustavo F; Fabiano R.A; Márcio R.M; Rafael R. (2003). Consolidação da memória e estresse pós-traumático. *Revista Brasileira de Psiquiatria*. 25 (Supl. II): 25-30.

65. Renik, O. (2002). Modelos da Mente e suas implicações na Técnica Psicanalítica. *Revista da Sociedade Brasileira de Psicanálise de Porto Alegre*. 4 (1): 179-192.

66. Ribas, G. C. (2006). Considerações sobre a evolução filogenética do sistema nervoso, o comportamento e a emergência da consciência. *Revista Brasileira de psiquiatria*. **vol.** 28, n.4: 326-338.

67. Rilke, R. M. (1922). *Elegias de Duíno*. Rio de Janeiro: Editora Record.

68. Rosenfeld, D. (2000). O corpo em Psicanálise - Acerca do esquema corporal. *Revista Brasileira de Psicanálise*. 17: 235-254.

69. Salim, A. S. (2001a). Recentes confluências teóricas na Psicanálise e possíveis contribuições para a eficácia na pratica clínica. *Revista Brasileira de Psicanálise*.35 (3);483-494.

70. ------------ (2002a). Psicanálise, Neurociências e Posição autista-contígua: contribuição para desenvolvimento na teoria e na técnica psicanalítica. *Casos clínicos em Psiquiatria*. 3 (1): 26-30.

71. ------------ (2002b). Desenvolvimento na teoria e na técnica: uma contribuição. *Revista Sociedade Psicanalítica Rio de Janeiro*. 3: 48-62.

72. ------------ (2002c). Remendos para uma superfície sensorial. *Revista da Sociedade Brasileira de Psicanálise de Porto Alegre*. 4: 437- 449.

73. ------------ (2004a). A Metamorfose de Kafka e a Desconexão: um ensaio literário- psicanalítico. *Revista da Academia Mineira de Letras*. 34: 173-192.

74. ------------ (2004b). O trauma e a Desconexão. *Revista da Sociedade Psicanalítica do Rio de Janeiro*. 5: 99-112.

75. ----------- (2005a). Psicanálise hoje: o Trauma, A Desconexão e o Transtorno de estresse pós-traumático. *Revista da Sociedade Brasileira de Psicanálise do Rio de Janeiro*. 4 (1, 2): 105-134.
76. ----------- (2005b). O Trauma, a Psicose e o Transtorno do estresse pós-traumático. *Revista da Sociedade Brasileira de Psicanálise de Porto Alegre*. 7: 595-624.
77. ----------- (2006). O autismo, a personalidade autista e o trauma. *Revista da Sociedade Psicanalítica do Rio de Janeiro*. 7 (1): 119-138.
78. ----------- (2012). *Psicanálise, Trauma e Neurobiologia*. Belo Horizonte: Artesã.
79. Sarte, J. P. (1943). *Beeing and nothiness*. Tradução H. Barnes. Nova Iorque: Philosophical Library.
80. Scaer, C. R. (2001). *The body bears the burden*. New York: The Haworth Medical Press.
81. Schestatsky, S., Shansis, F., Ceitin, L. H., Abreu, P. B. S., Hauck, S. (2003). A evolução histórica do conceito de estresse pós-traumático. *Revista Brasileira de Psiquiatria*. 25 (Supl. I): 8-11.
82. Selye, H. (1936). The general adaptation syndrome and the diseases of adaptation. *Journal Clinic Endocrinology*. 6:117.
83. Shah e Stafford (2017). *Hypertension*. Journal of Human Hypertension. 30 (10).
84. Sidarta, R. (2003). Sonho, memória e o reencontro de Freud com o cérebro. *Revista Brasileira Psiquiatria*. (Supl. II): 59-63.
85. Strachey, J. (1937). Comentários Editoriais em Analise Terminável e Interminável. E. S. B. 23
86. Tustin, F. (1972). *Autismo e Psicose infantil*. Rio de Janeiro: Empresa Gráfica O Cruzeiro.
87. --------- (1980). Autistic objects. *International Revue of Psychoanalysis*. 7: 27-40
88. --------- (1984). Autistic shapes. *Internacional Revue of Psychoanalysis*. 11: 279- 290.
89. --------- (1990). *Barreiras autistas em pacientes psiconeuróticos*. Porto Alegre: Artes Médicas.
90. Wilheim, J. (2004). *O trauma da concepção*. Tema livre Congresso da AP de BA. Buenos Aires. Outubro de 2004.

91. Winnicott, D. W. (1949). *Recordações do nascimento, trauma do nascimento e ansiedade.* Rio de Janeiro: Francisco Alves.
92. ---------- (1949). *A mente e sua relação com o psique-soma.* Da pediatria à psicanálise. RJ: Francisco Alves. 1949/1978.
93. ---------- (1951). *Os objetos transicionais e os fenômenos transicionais. Da Pediatria à Psicanálise.* Rio de Janeiro: Francisco Alves.
94. ---------- (1960). *Teoria do relacionamento paterno-infantil.* O ambiente e os processos de maturação. Porto Alegre: Artes Médicas.
95. ---------- (1960). *Distorção do ego em termos de falso e verdadeiro Self.* O ambiente e os processos de maturação. Porto Alegre: Artes Médicas.
96. ---------- (1962). A integração do ego no desenvolvimento da criança. O ambiente e os processos de maturação. Porto Alegre: Artes Médicas.
97. ----------- (1963a). *Da dependência à independência no desenvolvimento do indivíduo.* O ambiente e os processos de maturação. Porto Alegre: Artes Médicas.
98. ----------- (1963b). *Fear of breakdown.* Psychoanalytic explorations. Cambridge: Harvard University Press.
99. ----------- (1975). *O brincar e a realidade.* Rio de Janeiro: Imago Editora.
100. ---------- (1990). *Natureza humana.* Rio de Janeiro: Imago Editora.
101. Yoshinori, O. (2016). *Autofagia do início ao fim.* Prêmio Nobel de Medicina de 2016.

Este livro foi composto com tipografia Minion
e impresso em papel Polén soft 70g. na Gráfica Del Rey.